U0347229

"七大无限特征"支撑元宇宙的"无限创造"

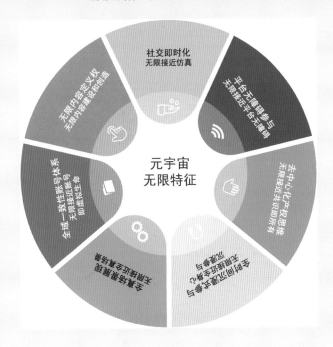

图1-1　元宇宙的"七大无限特征"

元宇宙的"七大无限特征"图展示了元宇宙的本质特征。"无限"是互联网终极形态的前提。"七大无限特征"支撑元宇宙的"无限创造",是"无限创造"的根本保障。元宇宙强调共同创造属性以及3D虚拟特征,并且是彻底数字化的,这必然带来多个全新的特征。元宇宙商业模式早期未必具备所有这些特征,但"七大无限特征"是元宇宙的普遍特征。

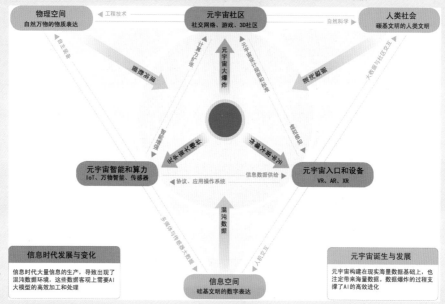

图2-1 元宇宙大爆炸逻辑

　　元宇宙大爆炸逻辑图基于潘云鹤院士对于三元空间的架构，解释了信息时代、数据创造和元宇宙的发展关系。元宇宙满足了物理空间、人类社会、信息社会两两交互产生海量数据的发展需求，不仅在数据积累和聚集中形成可以引爆价值主张的数据奇点，也催生了新型的数字孪生需求。元宇宙并不是简单的虚拟世界，严格意义上说是"虚拟+现实"融合产生的全新世界，或者说是"互联网真正融入人类生活的终极形态"。

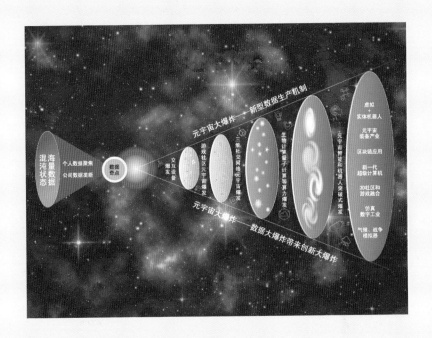

图2-2 元宇宙数据膨胀原理

元宇宙数据膨胀原理图展现了"元宇宙大爆炸"带来的数据膨胀逻辑进程。在互联网时代，人和设备创造了大量零散数据信息和被公司高度垄断的数据，海量数据处于混沌状态。但可以看到，海量数据聚集后有了更加清晰的价值主张。互联网数据高度聚集形成数据奇点之后，在元宇宙商业模式推动下形成了新的数据大爆炸、数据膨胀形态。只有具有清晰价值主张属性的数据奇点 大爆炸才可能创造出真正的元宇宙，这也必然让元宇宙带着价值主张基因，产生新的数据膨胀并带来多个行业的创新。

算力、信息、数据和AI驱动互联网向元宇宙进化，AI追求海量高质量数据是根本动力

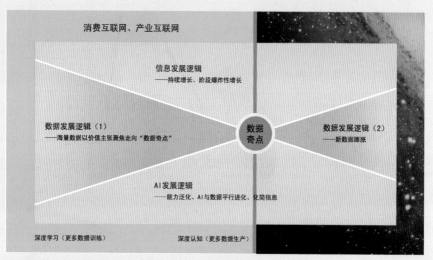

消费互联网、产业互联网

信息发展逻辑
——持续增长、阶段爆炸性增长

数据发展逻辑（1）
——海量数据以价值主张聚焦走向"数据奇点"

数据
奇点

数据发展逻辑（2）
——新数据膨胀

AI发展逻辑
——能力泛化、AI与数据平行进化、化简信息

深度学习（更多数据训练）   深度认知（更多数据生产）

数据是原始状态，数据处理中人参与创造信息。数据会出现聚焦和再膨胀现象，信息发展到峰值之后被更多产业互联网的数据占据。深度学习需要更多数据训练，深度认知需要更多数据生产，更高级的集体学习创造更多数据

图2-3 元宇宙进化论：元宇宙是互联网必然进化方向

　　元宇宙进化论图展示了元宇宙发展的本质驱动力是对更高质量数据膨胀机制的追求。深度学习需要更多数据训练，深度认知需要更多数据生产，更高级的集体学习创造更多数据。元宇宙的彻底数字化，恰恰满足了AI进化的数据需求。而算力、信息、数据和AI作为元宇宙进化四大驱动要素，其发展逻辑存在相互作用和依存的关系，信息时代驱动信息发展和持续扩张，而数据发展则会阶段性形成数据奇点。数据奇点是AI爆炸式发展的基础，元宇宙大爆炸引发新的数据膨胀。这个模型深度解释了元宇宙和数据之间的关系。

元宇宙"5个支撑机制"框架		早期元宇宙"6个入口产业"框架					
		区块链产业	交互设备产业	社交网络产业	游戏产业	消费电子产业	虚拟人
		去中心化 智能合约清结算	AR、VR、XR 3D渲染 多用柔性屏	新社交网络 5G 6G网络计算能力	游戏 社区3D游戏引擎 游戏化激励	云手机账号 一致性语音 体感OS跨屏应用	智能AI 数字分身 虚拟形象
应用服务	起于游戏 消费元宇宙 产业元宇宙	数字资产 智能合约	AR、VR、MR、超级视频Zoom等 跨平台应用	数字孪生 全真社交 数控制造	装备设计 动漫同人 周边产品	手机、手表、PC、Pad、电视等多屏	智能服务 数字孪生 机器人智能
治理机制	中心化智能 分布式智能 社区自治	智能合约	开放交互 标准和协议	新社区规则 行业监管 共享协议	游戏监管 游戏分级	语音 体感OS 新型App Store 管理	人机共生规则 科技伦理
经济交易机制	数字交易 智能合约 激励机制	NFT及智能合约	IP授权机制（包括孪生虚拟人IP）	数据分配 计算分配 智能分配	数字资产 交易市场 应用内交易机制	内生态币 支付牌照 数字资产	产权身份 价值归属 数据资产
技术协同生态	区块链 交互技术 AI技术	公链、侧链和跨链 创造工具	软件授权使用 硬件方案购买 创造工具	多维交互 AI智能资产 创造工具	创造工具 周边装备创新 3D渲染等	共享协议 开放平台 开源创造工具	语音交互 机器人技术 协同进化
算力共享生态	智能网络 端边云芯计算 IoT智能	基于区块链的 分布式存储和分布式计算	移动端 边缘及云算力支持	计算中心 端边云芯	计算中心 端边云芯	多屏协同 算力共享	跨平台数据共享

图4-1　早期元宇宙6个入口产业

　　早期元宇宙"6个入口产业"图展现了元宇宙早期作为入口切入的产业类别。这6个产业之所以是核心的产业形态，根本原因在于它们推动了元宇宙在信息时代之后采用了全新的交互方式，也就是多维交互，并且这6个产业都具有通过新型的创造工具创造内容和数据的特点。元宇宙不只是高水平的交互，更是高水平的3D交互。

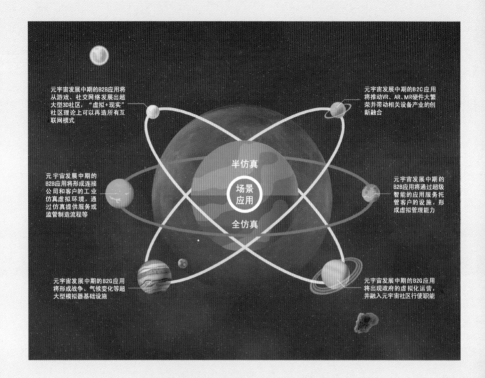

元宇宙发展中期的B2B应用将从游戏、社交网络发展出超大型3D社区，"虚拟+现实"社区理论上可以再造所有互联网模式

元宇宙发展中期的B2C应用将推动VR、AR、MR硬件大繁荣并带动相关设备产业的创新融合

元宇宙发展中期的B2B应用将形成连接公司和客户的工业仿真虚拟环境，通过仿真提供服务或监管制造流程等

元宇宙发展中期的B2B应用将通过超级智能的应用服务托管客户的设施，形成虚拟管理能力

半仿真

场景应用

全仿真

元宇宙发展中期的B2G应用将形成战争、气候变化等超大型模拟器基础设施

元宇宙发展中期的B2G应用将出现政府的虚拟化运营，并融入元宇宙社区行使职能

图4-2　中期元宇宙商业热点

　　中期元宇宙商业热点图是我们对元宇宙发展趋势的概括。元宇宙的发展壮大必然驱动新的B2C、B2B和B2G（政府机构相关）商业模式。理论上，元宇宙具备再造所有B2C现有互联网商业模式的可能性，在B2B上主要体现在工业仿真、智能控制两个领域，在B2G上主要体现在全仿真的虚拟政府和模拟器。

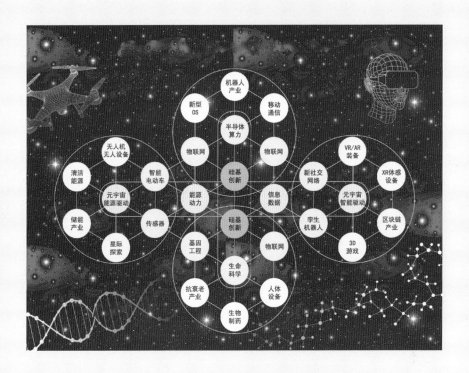

图4-3　后期元宇宙硅基和碳基文明融合进化全景图

　　后期元宇宙硅基和碳基文明融合进化全景图是针对元宇宙长期发展趋势的概括。"虚拟+现实"的背后是基于半导体的硅基文明和基于生命科学的碳基文明的融合发展。在这个融合进化的过程中，元宇宙能源驱动力和元宇宙信息驱动力是元宇宙发展的两翼。最终，信息、能源两个传统工业革命核心动力必然带来AI智能的跨越式发展，进而在机器人主体的智能层面形成硅基文明和碳基文明的历史性交汇。人类成为机器人生命体的"造物主"并无悬念。

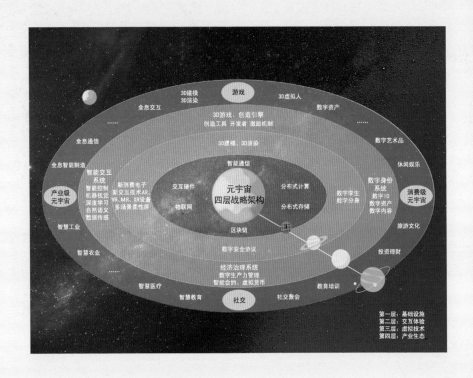

图4-4 元宇宙商业模式四层战略架构

　　元宇宙商业模式四层战略架构从基础设施层、交互体验层、虚拟技术层、产业生态层描述了元宇宙从基本生态能力到行业应用的发展路径。基础设施层主要体现为构成元宇宙的基本技术能力需求；交互体验层体现为消费电子、VR、AR、MR、XR、多场景柔性屏等多种形态，也体现为数字身份等全新交互形态；虚拟技术层体现为对背后底层技术等的认知；产业生态层体现为元宇宙最终落地到多个基础产业的应用全景。4个层次都是元宇宙商业模式必备的战略要素。

THE BIG BANG OF THE

METAVERSE

GLOBAL INSIGHTS AND STRATEGIC DEPLOYMENTS
FOR THE INDUSTRIAL METAVERSE

元宇宙大爆炸

产业元宇宙的全球洞察与战略落地

周掌柜 著

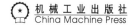

机械工业出版社
China Machine Press

图书在版编目（CIP）数据

元宇宙大爆炸：产业元宇宙的全球洞察与战略落地 / 周掌柜著 . -- 北京：机械工业出版社，2022.3
ISBN 978-7-111-70273-3

I. ①元… II. ①周… III. ①信息经济 IV. ① F49

中国版本图书馆 CIP 数据核字（2022）第 036460 号

元宇宙大爆炸：产业元宇宙的全球洞察与战略落地

出版发行：机械工业出版社（北京市西城区百万庄大街 22 号　邮政编码：100037）
责任编辑：董惠芝
责任校对：殷　虹
印　　刷：三河市宏达印刷有限公司
版　　次：2022 年 4 月第 1 版第 1 次印刷
开　　本：147mm×210mm　1/32
印　　张：8.5　　　插　　页：4
书　　号：ISBN 978-7-111-70273-3
定　　价：99.00 元

客服电话：（010）88361066　88379833　68326294　　投稿热线：（010）88379604
华章网站：www.hzbook.com　　　　　　　　　　　　读者信箱：hzjsj@hzbook.com

推荐语

目前对"元宇宙"这个新名词的争议很大，针锋相对的意见很多。我个人倾向于站在产业科技角度用全球视野审视这个技术趋势的利和弊。任何技术都是双刃剑，最终必然需要承载社会责任。周掌柜的《元宇宙大爆炸》从产业科技角度论证元宇宙，比较客观，值得一读。

——秦朔　著名财经媒体专家

宇宙大爆炸产生了新天体、新文明、新秩序，万物生长，人性崛起。这种造物的力量，我们在"互联网爆炸"中看到过，在"移动互联网爆炸"中看到过，如今元宇宙来临，它是又一次大爆炸吗？我们将用什么样的姿态来面对它、迎接它、参与它、驾驭它？周掌柜长期从事前沿科技公司的战略咨询，在学术逻辑之外，具备一般学者没有的产业认知深度、国际化视野和战略操作框架。他的这本书对元宇宙的论述很系统，值得一读。

——梁宁　产品战略专家

15 年前，我曾主导创立了中国第一家 3D 虚拟世界社区 HiPiHi，当时引发全球媒体和意见领袖的极大关注。彼时大洋彼岸的 Second Life 也掀起巨浪，虚拟与现实的穿越，让人们脑洞大开，流连忘返。在那次热潮中，我和当时就开始深入研究虚拟世界的周掌柜相识。在周掌柜的《元宇宙大爆炸》作品中，他结合长期产业观察从全球视角洞察如何系统建立元宇宙战略模型，这必将推动元宇宙在中国的实践落地。

——许晖　溪山天使汇发起人 / 早期元宇宙社区
HiPiHi 创始人

从创新科技投资的角度，我们一直关注和看好元宇宙的发展。正如周掌柜在《元宇宙大爆炸》中所言，元宇宙推动的产业变革正在超越工业革命的能源和信息双主线进化逻辑，开始了硅基文明和碳基文明的历史性融合。从这个角度看，这不仅是巨头的战场，也是牵引创新大爆炸的"地理大发现"。人类的数字化进程不可逆转，"虚"牵引需求，"实"承载需求，这个过程中文明更加多元和包容，给普通人更多选择，给创业者更大空间，也带给我们投资人更多的机会。未来互联网公司重新展现先进性并作为元宇宙先锋是毋庸置疑的，也期待更多人通过这本书的系统战略逻辑找到自身的商业坐标。

——马峻　投中资本管理合伙人

元宇宙是近期科技和商业领域的热点，引发热议，褒贬不一。经验告诉我们，泡沫消散，真正的价值才会沉淀。对待热度非常高的"新事物"，最好的态度是理性、平实地开放学习，了解它，思考它，特别是站在法理与人性向善的视角，让技术的进步照耀人性的光辉，赋能真实的世界，解决真正的问题。希望周掌柜的书能带你走进理性、专业的元宇宙，开启对未来的思考。

——童国栋 华为消费业务 BG 前高管、
碳基与硅基商业跨界管理者

某种程度上，元宇宙火起来也是因为定义不一致导致的仁者见仁、智者见智。元宇宙注定是多维度融合创新、集成创新的产物，我更倾向于产业元宇宙视角的解读。最值得关注的是，人们的生活重心转向虚拟世界，与现实世界的关系需要再平衡和重估。所以，元宇宙发展是一个渐进式过程，不是一个融资催肥的过程。我的观点与周掌柜的观点比较一致：回归产业视角是展现元宇宙价值的客观方式。希望这本书对元宇宙的系统定义和战略思维能带来更多专业和严肃的讨论，以迎接元宇宙时代的到来。

——王天灵 清华大学当代国际关系研究院高级研究员

周掌柜是一位思想活跃、颇具前瞻水准、实战经验丰富的商业战略咨询专家。《元宇宙大爆炸》展望了虚实融合的元宇宙新世界，探讨了硅基文明和碳基文明融合重构的科技大趋势，对于我们思考未来和制定未来战略都具有"望远镜"的作用，值得一读！

——徐中 清华大学经管学院高管培训中心前常务
副主任，领导力学者

周掌柜的《元宇宙大爆炸》从定义、观点、实践、战略和畅

想五个角度解读元宇宙这个新概念和新趋势，通过对元宇宙概念诞生和发展历史的梳理，对元宇宙趋势构成要素、未来发展、实践探索的经验和风险进行了全方位分析，为读者呈现一个具有沉浸感的，有理、有据、有用的元宇宙世界。

——路江涌　北京大学光华管理学院教授

硅基文明正在碳基文明的你我身边进化，并即将在你我身上开始两种文明的融合。《元宇宙大爆炸》着力实证元宇宙热点概念背后的内在逻辑和发展趋势，并着重描述了元宇宙的技术进化脉络，令人期待！

——刘向东　中国人民大学商学院教授

每当有新的热点和概念迅速兴起时，人们总是希望透过纷繁复杂的表面，了解未来真正的趋势。元宇宙亦是如此。元宇宙符合人类社会近百年来逐步加速迈向数字世界的进化趋势，同时也具备信息产业的基础和新生代的社会需求，恰好还有人工智能不断发展的助力。周掌柜在书中对元宇宙在科技产业的未来发展做了兼具创新性和逻辑性的思考，于初起处探本源。这些思考对于我们理解元宇宙的进化脉络具有启发意义，引人深思。

——张伟斌　南京理工大学教授、博士生导师，
美国华盛顿大学原研究员

数字技术和 AI 技术的发展让虚拟世界在人类社会中的份量越来越重，很多人花在虚拟世界里的时间已经超过了在现实世界里的。这一趋势发展下去的结果是什么？虚拟世界和现实世界会

彻底融合吗？周掌柜在《元宇宙大爆炸》一书中做了脑洞大开的探讨。

——马克 《财经》执行主编

元宇宙到底是一个新瓶装旧酒的炒作概念，还是未来互联网、人机交互、发展范式的基础逻辑？周掌柜的这本《元宇宙大爆炸》尝试给出前瞻判断：支撑元宇宙发展的一系列技术逐渐成熟，而新技术模块连接带来的深刻变革与习惯转变所焕发出的创造力，值得深入探究。

——吴晨 《经济学人·商论》总编辑

|序一| 元宇宙大爆炸：未来社会的愿景

丁伟，华为咨询委员会顾问

周掌柜的《元宇宙大爆炸》启发了我对未来社会的进一步思考。

对于元宇宙，我更愿意将其理解为人类科技愿景的新阶段。过去的十年，我们先是提出智慧地球，之后提出工业 4.0、数字孪生、智能社会等。而从智慧地球到元宇宙的十年间，移动互联网、人工智能、区块链、VR/AR、生物科技、太空科技等领域都发生了巨大的跃迁。科技领域已经成为地缘政治博弈的重要战场，为元宇宙的诞生提供了技术的可能性以及发展模式的不确定性。

元宇宙作为未来社会的科技愿景，注定是一个复杂系统，在虚拟与现实之间、科技与政治经济社会之间、不同文明和不同因素的互动中演进，阶段性地产生不同结果。主导元宇宙发展的一些因素已经显现，另一些隐形因素尚未诞生或显露，需要大家一起探索和交流。

元宇宙背后的信念变迁

元宇宙之所以能成为人们关注的热点，或多或少因为它寄托了人们对未来美好生活的向往。除了本书中所提到的科技基础，元宇宙愿景也有人类信念变迁作为基础。

近年，工业革命和信息革命把物质财富推向一个历史的顶峰。温饱之余，人类在物质短缺时代形成的信念和价值观开始发生变化，重心从贪婪、懒惰、恐惧（安全），转向享乐、自我欣赏，而元宇宙构建的虚拟与现实世界满足了人们信念转向的需求。这也是元宇宙的商业价值所在。

丰裕时代，人类信念体系将从处理物理环境向处理人类社会环境转变，从偏理性转向偏感性。这种悄然启动的转变堪比工业革命前的文艺复兴所带来的转变，未来的商业价值和社会价值也将随之改变。

信念可以激起人类的巨大期望，从而引领社会变革。信念决定了人们相信什么，不相信什么，从而影响社会共识的形成，进而影响社会发展的进程和方向。

社会变迁方向的首要影响因素是人类的信念，而不是技术。

元宇宙经济原理的变迁

元宇宙经济的概念是相对于过去有限经济而言的，很好地解释了未来经济价值和客户价值的变迁。

计算机发明前的经济主要是有限经济，因为以物质生产加工和服务为主要交易对象（看得见摸得着），所以经济模式受限于物理世界及人类改造物理世界的能力。

元宇宙经济是信息社会和智能社会的典型经济模式，主要是对非物质对象，包括对数据、算法、生物的 DNA 编码、软件、游戏、数字影音、数字设计等，进行生产加工和传播复制，可对人类物质和精神生活产生直接价值，或赋予物质产品全新的意义而产生间接价值。元宇宙经济摆脱了物理世界的局限（即有限经济的基础），从而产生了新的经济规律。

元宇宙经济的早期阶段是基于计算机程序的软件，由网络信息科技承载，串联和重组一切数字化产品和服务的生产力，并形成社会网络化的生产关系。未来十年，元宇宙经济将从量变发展到质变。

元宇宙经济的中期阶段正在到来，载体除了软件外，还会有生物、能源、食品等，以及脑机接口产品、纳米机器人等认知和虚拟体验产品。人类可以在虚拟世界用极低的成本获得以前稀有、昂贵或不可获得的各种体验。一切可以编程的事物，都将随着理论和工程突破成为元宇宙经济创造价值的对象。

元宇宙经济的终极阶段还只是幻想，可能彼时元宇宙将被新名称取代。看看多年前 IBM 创作的原子电影，或许可以理解元宇宙的终极阶段——可编程的物理世界并非不可能实现。如果物理定律取得突破，在万物皆比特的世界，包括原子在内的世间万物的结构形态都可以编码，但是也可能突然坍塌成黑洞。

元宇宙的商业变迁

元宇宙经济的早期阶段一般会围绕不同领域的互联网平台展开。

平台链接了虚拟世界和现实世界的人、物、商业，分解了原本只能由大型企业承担的职能。例如工业 4.0 的本质就是把制造业产业链各个环节完全解耦，组织为新的大平台。平台本身由多个社会网络构成，平台越大，背后的网络效应越明显。

在产业大平台时代，企业必须进化为平台或平台元素，从而充分发挥平台网络效应。不能转型的企业只能沦为工业化时代的"历史遗迹"。各行业首先要数字化，之后才能平台化、服务化，最终融入元宇宙世界，实现虚拟化、体验化和软件定义一切。

人与人之间的连接是一切商业连接、技术连接的结构性基础。企业、社会的政治活动、经济活动、商业活动、科技活动和文化艺术活动的组织运作都嵌入人的社会关系网络，并在不同的元宇宙平台中呈现、互动、创造价值。过去，社会网络化的高度发展依赖于私人组织和社会中间组织，未来将依赖于元宇宙社区，这也将引发企业、社会活动的巨大变革。

元宇宙将进一步推动人与人的社会网络化发展，小世界网络从六度连接走向三度连接。社会网络化趋势将逐步推动商业化连接的改变。这种改变包括去中介化、多中心化等，最终使得网络社会的商业环境自由、简单，价值合理化，并且受监控。元宇宙理想的去中介化结局应该是多中心化，从而在保持商业公平与效率间取得平衡。

|序二| 元宇宙，推动碳基与硅基生命形态融合

肖京，平安集团首席科学家，卡内基梅隆大学博士

从地理环境决定论的角度看，文明产生的根本原因是良好的地理环境，而文明进化的动力来自两个文明的地缘相近。经过多年的不断发展，人类已开始不断在虚拟世界和现实世界之间穿梭。这两个世界的边界正在逐渐融合，进而构建出文明的新载体——元宇宙。传统的地理边界概念在元宇宙中得到无限放大，使得人类征服和改造自然的步伐逐渐迈向虚拟空间。科学技术的持续发展，将不断塑造人这种碳基生命的硅基生命形态。可以说，硅基生命形态并不是独立生发而是孕育于碳基生命中的。就像草履虫一样，目前它处于非常原始的阶段。不同的是，借助碳基文明的积累，硅基生命形态将以前所未有的速度发展，直到具备自我意识、可以自主进化的超级智能出现，此时硅基生命形态将脱离碳基生命，成为真正的硅基生命。那时，我们是否也应该称这些硅基生命为"人类"呢？

元宇宙是虚实融合的文明载体，人类文明将在这里生生不息。或规划建设国家重大工程，或科技巨头企业推动，当前世界各主要科技强国争相发展元宇宙。它们一方面通过载人航天、可

回收火箭、生命科学探索太空资源，拓展现实世界，致力于推动人类成为星际文明中的一分子；另一方面使用虚拟现实、区块链加密、人工智能等技术，通过社交、协同办公等构建虚拟世界，开辟新的精神家园。元宇宙的发展将不断催生新需求，创造新的工作岗位。碳基智能存在于现实世界，借助数字孪生，人生活在虚拟世界中，也可以进一步孪生在太空中某个地方的物理躯壳上。硅基智能存在于虚拟世界中，同样可以通过物理孪生体生活在宇宙的任意一个现实空间里。这将极大地增加人类文明的活力，让人类文明更加昂扬向前。

透过元宇宙的概念，我们看到了未来世界的美好愿景，以此激励自己奋起创新、创造。不过回首过去，人类在创造现实世界璀璨的物质文明的同时，也破坏了地球自然环境，如水、大气、土壤被污染，气候变化导致自然灾害频发。我们不得不考虑如何在构建元宇宙的过程中，不重蹈覆辙，审慎地对待伦理、公平、信任等问题。人类必须不断寻求通向未来元宇宙的可持续发展之路。

我时常想，碳基文明时代是否也是由某个更古老的原始文明创造的？只要给予足够的时间，文明是否就可以一直以不同的载体形态不断地进化下去？如果是的话，我们在接受碳基生命形态和硅基生命形态融合，更进一步产生独立的硅基生命时，就平静多了。

|序三| 星际探索与元宇宙殊途同归

张璐，Fusion Fund 创始管理合伙人、硅谷知名投资人、达沃斯全球青年领袖，毕业于斯坦福大学材料与科学工程系

2021 年 10 月，硅谷科技巨头 Facebook 宣布公司正式改名为 Meta，股票代码也将由之前的 FB 变更为 MVRS。一时间，舆论哗然，与元宇宙（Metaverse）相关的话题迅速占据了各大科技新闻媒体的头版头条。

事实上，元宇宙并非一个全新的概念，Meta 也并非第一家布局元宇宙的科技公司。早在 Facebook 官宣改名以前，元宇宙已经在很多领域，尤其是游戏领域流行开来。至今仍最具代表性的元宇宙社交游戏 *Minecraft* 最早出现于 2009 年，而游戏公司 Epic Games 早在 2004 年就已推出 *Fortnite*（是否属于元宇宙仍有争议）。而说到元宇宙游戏就绕不开的游戏公司 Roblox，则称自己多年来一直在开发元宇宙产品，而不只是游戏平台。

近些年来，其他领域的科技公司也不甘示弱。微软正致力于将 Microsoft Teams 打造为一个以企业办公协作为核心的元宇宙。英伟达推出的 Nvidia Omniverse 以为创造者实现一个链接 3D 世界与虚拟世界的平台为目标。而苹果，据说早已开始围绕 VR 与 AR 的技术创新进行元宇宙的布局。

元宇宙开启的百家争鸣的局面与未来的宏伟蓝图固然令人心潮澎湃，但面临的技术挑战也不小。

首先是信息传输的延迟问题。元宇宙未来所承载的信息量之大与今日的互联网不可同日而语，而人们在浸入式的互动体验中不会容忍太多的信息延迟与卡顿。带宽的增加会减少一部分的延迟，但不能从根本上解决这个问题。边缘计算（Edge Computing）的出现与发展将计算更多地推向边缘，就近提供端服务以大量减少不必要的网络传输，让人们看到了解决元宇宙延迟问题的方向。

另一个例子存在于元宇宙最拥挤的赛道之一——社交应用的场景中。现有的线上交流之所以还无法完全取代人与人直接见面，主要原因之一就是，人们的潜意识在人与人之间情感交流和建立信任的过程中是无法取代的，而贡献于潜意识的比如身体语言、触觉反馈，都无法在现在的虚拟现实中实现。柔性电子技术在这一问题的解决上至关重要。斯坦福大学实验室目前已实现了基于柔性电子的人造皮肤技术。该技术可提供与真实的皮肤高度相似的触觉反馈。Facebook 的 ReSkin 项目也尝试在这个领域实现突破。

另外，元宇宙还面临着诸多不限于现有互联网维度的挑战，比如更复杂的身份验证技术、更高的数据安全与隐私要求、虚拟世界中金融系统的创建、IP 的创建与保护等。未来人们是只构建基于具体应用场景的元宇宙，还是联合起来构建一个完整的超级元宇宙？如果是后者，上述种种挑战会上升到另一个维度。

在今天，即使面临诸多挑战，我们仍然兴奋地看到，技术在各个领域的极速发展与突破，正在把一个个从前难以想象的可能变为现实。

本书从产业互联网升级的角度，构建出一条关于元宇宙前世今生的完整逻辑线，并通过展望未来，为想要转型的企业提供了高屋建瓴的战略思想。

人类对未来的探索，向外是发展太空科技，仰望星空；向内是构建元宇宙，打破物理空间的距离。两条路线看似平行，实则相得益彰。任何想要抓住新的时代机遇的企业，都不可轻易错过这些当下正在发生的巨变。未来已至。

|序四| 元宇宙趋势基于逻辑而非空想

张立，加州大学戴维斯分校电子工程专业博士，半导体、VR/AR 领域资深专家，掌柜智库专家

20 多年前，互联网开始普及。10 多年前，移动互联网出现。近十年来，好戏连番上演。

在中本聪天才的设计的影响下，区块链技术不仅仅在改变我们的世界，更在思想层面促使我们重新思考那些我们习以为常的东西，比如什么是信任，怎么建立秩序。随着 AlphaGo 的诞生，以深度学习为代表的新一代人工智能技术以雷霆般的气势横扫千军，打破了人们很多固有的认知，影响了几乎所有的行业。光学的发展也日新月异，光波导近眼显示技术打破了现实世界与数据世界的隔阂，使得人们能够通过超薄的镜片领略亦真亦幻的增强现实（AR）。Pancake 折叠光学的出现大幅提升了 VR 设备的便携性，有效推动了"头号玩家"从梦想走进现实。

我们处在这样一个时代，科技以一种前所未有的速度在演进，犹如宇宙开始的奇点。我们的孩子已经很难想象没有互联网和手机的世界，就好像我们很难想象宇宙大爆炸之前的宇宙。我们应该用什么样的心态去面对我们所处的时代呢？中国人传统上是保守的，特别是独尊儒术之后，董仲舒的"天不变，道亦不

变"深入人心。在文化上，儒家是不鼓励创新的，更多的是回到过去，回到梦想中的克己复礼的旧体制中。我们认为，究其本质是中国在旧时代生产力发展水平停滞不前。我们今天所面对的世界和先哲所面对的世界是完全不同的。我们尊重先哲，但是需要清醒地意识到，传统的哲学世界观诞生于一个几乎不变的社会里，甚至，我们传统的哲学世界观反过来束缚了社会的发展。

这是一个信息和知识爆炸的时代，一个急剧变化的时代，一个"天常变，道亦常变"的时代。我们需要拥有更加开放包容的心态，更加理性、更加旗帜鲜明地呼唤"赛先生"来面对这个时代。当人类出现，仰望星空时，他们可能就开始对宇宙有了深入的思考。古代中国，庄子对宇宙的思考即使到今日依然发人深省，"庄周梦蝶"非常重要地指向了哲学思想中的重要概念，即如何区分梦幻与现实，又如何知道现实不是梦幻。庄子给出的结论是"天人合一"，即梦幻是现实，现实是梦幻。在西方，有柏拉图著名的"洞穴"寓言，也有笛卡儿怀疑一切皆是虚假而唯有思维为真的那句"我思故我在"。在当代，马斯克提出了结合现代思想的矩阵模拟假设，即我们现在所生活的"现实"，很可能是更高级文明创造或者模拟出来的。过去，我们对于宇宙的本质和多重宇宙的探索还停留在人的思想意识层面。而在当前这个技术爆发的时代，我们正在用技术塑造一个个新的宇宙。我们已经可以全身心地融入一个全新的意识宇宙。这个宇宙是一个完全由技术塑造的、数字化的世界。在这个宇宙中，人类可以完全在意识领域沉浸式地体验。剥离纷繁复杂的技术，我们事实上正在经历碳基文明和硅基文明的融合发展。

科技发展如此之快，预测未来很可能是一个不明智的行为。

不过，在这样一个大爆炸的时代到来的时候，我们依然会兴奋地展望一下未来。在未来，我们的社会将会存在很多个元宇宙。在这些共存的元宇宙中，我们的通常行事规则将由区块链所约束和规范。我们将不仅仅在思想领域选择我们所爱的理想，还可以根据白皮书所制定的宗旨去选择所要参与的元宇宙。事实上，某个元宇宙的参与者在参与一项游戏。我们认为，那个阶段的游戏应该不是我们现在所看到的通常意义上的游戏。通常意义上的游戏是指所谓的"有限游戏"。有限游戏的目的是取胜，本质上是零和博弈。对于一个零和博弈的社会，由于其处在一个有限的时间和范围内，其本质上就是一个极速熵增的社会。从宏观来讲，元宇宙之间的竞争一定是一个对抗熵增的激烈的过程。设计成有限游戏的元宇宙模式在未来注定是短暂和易逝的。未来成功的元宇宙一定是无限游戏。无限游戏的设计并不为输赢，而是为了社会的延续。在元宇宙之间激烈的竞争中，元宇宙存在的目的并不是证明谁会赢得胜利，而是吸引更多的人参与其中。

在目前的区块链技术下所设计的游戏是有限游戏，而有限游戏必然会导致区块链的衰落。 为了营造无限游戏的氛围，我们需要一套博弈共识机制的新一代区块链技术。另外，一个社会要能够有无限的游戏，在很多情况下，的确需要遵循社会的规则，保证社会的规则不被打破。但是在其他一些领域，如科学和文化领域，我们期待的是突破性创新。所谓突破性创新，本质上就是挣脱束缚，跳脱很多条条框框的限制。当然，文化和科学依然受限于一些基础的核心共识。以上所述都需要我们有一种新的基于博弈共识机制的区块链技术。简单来看，如同我们在这个世界期待社会的进步、科技的发展，我们在元宇宙中也不会留恋于既定的白皮书和永远不变的游戏规则。

我们期待元宇宙的演进，包含其自身规则的演进。从熵增的角度来看，元宇宙是一个耗散结构，其熵增从长期看是必然的。但是为了延缓熵增的速度，成功的元宇宙必须不断地和外界进行能量和信息的交互，必须建立良好的秩序。更重要的是，在文化和科技等诸多领域，我们可通过提供足够的空间，持续有突破边界的创新，从而保持社会的活力。这样就可能以先进的文化和科技创新来实现相对熵减。

作为掌柜智库成员和本书的写作顾问，在和周掌柜的多次交流中，我一直在思考元宇宙的未来形态。我认为，从社会的角度看，元宇宙走向成熟的过程中会经历一个各种元宇宙爆发的阶段，但是随着演进，少数几个元宇宙会因为其良好的耗散结构而成为长寿的元宇宙，而很多的元宇宙要么因为其零和博弈的机制，要么因为其不得人心的宗旨，成为少数玩家的"乐土"，最终因为玩家数量少而快速进入元宇宙的热寂而死亡。回到现实中来，元宇宙相关的领域正走在一个高速发展的快车道上。在底层的器件层面，VR/AR所依赖的底层光学已经有了长足的进步，未来发展更加激动人心。第三代集成光学利用芯片光刻工艺实现光学器件相变，会颠覆目前以冷加工为主的光学技术和相关产业。在不久的将来，具有更好显示效果、超轻薄甚至薄膜化的VR/AR设备将会诞生。光学的突破可能极大地超出目前的普遍预期。我了解的美国哈佛团队、国内浙江大学和创新公司亮亮视野联合实验室均已经有了突破性的进展，产品化指日可待。

在不远的将来，我们会体验到沉浸感更强的元宇宙，在真实世界和虚拟世界之间自由切换。另外，算法的演进非常迅速,日新月异的 AI 技术、SLAM 的环境理解能力算法和一系列相关的算法,都已经广泛地应用在各个 VR/AR 场景中。微软和 Facebook 这样的国外巨头和国内诸多的 VR/AR 企业已经为我们展示了设备结合算法的无限可能。同时,随着 5G 的快速推进,以云原生技术为核心的云边端一体的网络架构将成为主流。云企业如亚马逊、阿里巴巴,运营商如中国移动、中国联通、中国电信,都已经进行了很多云边端一体化解决方案的探索。未来,我们将有更大的空间来解决计算存储能力和设备轻量化之间的矛盾。无处不在的计算能力会使得 VR/AR 的轻量化体验足够惊艳。

在和周掌柜的长期共同研究中,我们就很多技术和商业模式进行了广泛的讨论,而最近半年多以来针对元宇宙的讨论无疑是最激动人心的,那些思想碰撞产生的火花让人难忘。就好像 20 多年前我们这一群人在互联网大潮到来之前的悸动,此刻我们也深切地感受到自己又来到了另一波大的浪潮的面前。百舸争流,时不我待!

| 前言 |　为什么说元宇宙是互联网的终极形态

　　几乎所有讨论元宇宙的文章里都提及了科幻小说《雪崩》，但 99% 的人并没有完整地读过这本书，因此对元宇宙的讨论更多地停留在文学畅想层面，很多时候是在争夺话语权，而非从产业层面进行推敲和探讨。

　　《雪崩》讲述的是未来学家对人类社会文明起源和未来发展的探索和展望，探讨在"雪崩"病毒同时侵袭人体和互联网的情况下人类如何延续和发展文明，其中涉及超级公司的阴谋论、虚拟世界的极致想象，但其根本要义是肯定 Metaverse（元宇宙）通过多种语言构建人类文明的可能性。

互联网的进化需求

　　跳出小说的逻辑，笔者认为探索元宇宙应该从两个最基本的维度出发。其一，从互联网角度的反思。互联网行业进入大爆发期不过 20 余年，尚处于早期阶段，当前正在进行野蛮生长之后的系统性反思和沉淀。而数据的积累和发展为 AI 的成熟提供了条件，AI进化也在推动整个互联网呈现出生命体特征，元宇宙在这个质变中将担当重要角色。其二，从产业角度的解读。元宇宙根植于多个产业巨头的实践，从产业角度解读元宇宙是最务实和客观的视角。

从互联网角度反思，有几个根本的问题值得探讨。

■ 关于"进化秩序要求"

在达尔文的进化论中，有这样一个观点："人类无法设计出一种制度代替进化程序。"社会学家、经济学家哈耶克对此也有评价："进化秩序是一种复杂结构，不是完全理性的，也不是非理性的。进化秩序是社会演进的产物，而不是理性设计的产物，只有在市场上通过自由竞争才可能出现进化秩序。"这听起来很抽象。从互联网的角度分析，目前的互联网是高度中心化的，数据被互联网公司高度垄断，由此，互联网的进化有打破这种垄断的需求，并形成多元的数据构造和使用规则。元宇宙商业模式有一个特点，那就是推崇社区中的构建者，给予他们用编辑工具构建社区的权力。这也算是进化秩序的要求。

■ 关于"数据私有权动机"

在社会学研究中有一个普遍共识，那就是人类文明的起源和财产权相关，财产权是文明的发源地，没有对财产的保护就没有正义。英国经验主义哲学家洛克认为，财产权是人类道德的核心，只有认可通过劳动创造的合法财产，人类文明才可能生生不息。合作、交换、契约、慈善是一系列基于财产权的动机。在互联网时代，几乎所有用户对自己创造的数据都是不享有财产权的。而作为元宇宙基础设施的区块链经济系统、建造规则等都在保护数据私有权，这从某种程度上也证明了元宇宙的先进性。确切地说，这个发展趋势就是创造即拥有。

■ 关于"跨终端、跨平台、跨应用融合需求"

在传统的互联网商业模式中，社区之间的封闭性是伴随着公司竞争形态形成的，互联互通是一个世界性难题。而且随着互联网的发展，跨终端融合形成统一账号体系，跨平台融合形成数据共享，跨应用融合形成无缝接入，这些都是用户的真实需求。从更长远的发展来看，目前的 iOS 和 Android 等操作系统为多种商业模式提供了承载用户的空间，元宇宙则顺应了跨终端、跨平台、跨应用的融合需求和发展趋势。从这个意义上讲，元宇宙的 VR 和 AR 等多种形态也在重构颠覆式的操作系统。

■ 关于"海量数据需求"

互联网时代的主要关系是人和机器的关系，需要考虑大脑处理这些信息的逻辑。但 AI 是从数据的角度消化信息并创造知识的，所以在 AI 高度发展和能力冗余之后，对海量数据生产机制的需求必然促使互联网进入一个全新的阶段，这也是元宇宙会将世界"彻底数字化"的原因。从现在元宇宙的发展来看，混合现实体感的行动数据、人机交互数据和构建者创造的内容等是新的数据来源。

从上面几个偏宏观和抽象的维度看，元宇宙的出现和发展确实与互联网发展面临的挑战和创新需求底层逻辑息息相关，或者说元宇宙是互联网进化的结果，它与互联网是一脉相承的。

互联网和信息时代发展趋势

我们再从产业的维度进行解读。从信息时代的发展历程和根本驱动力探寻，可以发现一条相对清晰的线索。这条线索从信息时代崛起带来的数据爆发，到智能时代人工智能的大繁荣，再到星际探索时代对人类全新生活空间的认知，今天能形成"元宇宙"这样一个泛化但牵引性很强的新名词也在情理之中。或许人们熟悉了物质世界实在的进化逻辑，对于意识层面的新思维可能孕育的巨大能量不够了解。辩证地看，当前"元宇宙"的概念化实际上也代表着无限的价值。

我们仔细推敲一下元宇宙背后深刻的必然性逻辑。2011年的时候，《认知盈余：自由时间的力量》一书畅销。马化腾为这本书写了题为"互联网时代的晨光"的推荐序，其中提到："认知盈余是新时代网民赋予互联网从业者的最大红利。"作者克莱·舍基说："美国人一年花在看电视上的时间大约2000亿小时，而这几乎是2000个维基百科项目每年所需要的时间。如果我们将每个人的自由时间看成一个集合体、一种认知盈余，那么，这种盈余会有多大？"他进而提到："我们已经忘记了我们的自由时间始终属于我们自己，我们可以凭自己的意愿来消费它们、创造它们和分享它们，我们可以通过积累将平庸变成卓越。"是的，这么一个简单的理论对互联网产生了巨大影响。

这本书被认为是互联网大爆发的重要理论著作。其背后的一个思维逻辑就是，人类认知能力提高所形成的冗余，促进了每一个个体投入互联网行业的应用和内容创造。

而人工智能时代同样经历了漫长的孕育过程。20世纪50年代提出的人工智能理念，经过60多年的发展才开始大规模应用。最初人工智能一直在探索"复杂变简单"的具体方法，希望通过算法改良提高运算效率。一直到20世纪80年代神经网络出现，我们才找到了处理非规律性事物的方法。2006年后，兼具理性与感性的深度学习模型成为人工智能的新主流。2016年是AI发展史上具有里程碑意义的一年，谷歌围棋电脑程序（AlphaGo）以4∶1的成绩战胜世界冠军、韩国棋手李世石。这一胜利标志着人工智能正在迎接奇点时刻的到来。

所谓"奇点"就是特指AI的能力接近于人的那个时间点。谷歌首席工程师Ray Kurzweil写了一本书——《奇点临近》，得到了比尔·盖茨的好评。比尔·盖茨说："Ray Kurzweil是我所认识的人中预测人工智能未来最权威的一位。他的这本新书引人入胜，向我们展现了一个信息技术发展宏远而又快速的未来。在这样的未来之中，人类将超越其自身生物学的局限性，以一种我们无法想象的方式改变我们的生活。"人工智能领域的许多技术人员都读过这本书。这本书和《机器之心》被并列称为"AI领域必读的畅销书"，也是AI领域最重要的奠基著作之一。其最核心观点是，AI在深度学习的推动下终将拥有和人类一样甚至超越人类的智慧能力，这个奇点的到来就是人类科技发展史上一个里程碑式的时刻。

如果我们延续认知盈余的逻辑推敲这本书，或许可以得到这样的线索：认知盈余推动了信息的大量产生，提高了互联网的承载能力，引发了信息盈余；AI是靠数据喂养的，信息盈余推动了AI的广泛应用，理论上也必然出现智能盈余。

在数字世界出现迭代式盈余的同时，现实世界的生产力也开始出现盈余，也就是所谓的产能过剩。未来，全球被解放出来的劳动力就有可能从生产吃穿用度转移到进入精神领域和思想领域进行数字化价值的创造。

我们再推敲互联网和 AI 分别大发展的时间点，可以看出 AI 的火热是在 2015 年左右，比互联网大发展晚了很多年。那么，我们继续推理元宇宙理念在 2021 年的火爆，这个逻辑是否可以延续呢？

信息化时代：由于认知盈余，互联网行业推动信息化大发展，信息爆炸，进而产生了基于数据积累的信息盈余。

智能时代：由于信息盈余，大量信息数据为 AI 的发展提供基础支持，智能化设备的广泛应用带来了智能爆炸，自然发展到智能盈余的阶段。

元宇宙时代：由于信息盈余和智能盈余同时发生，拥有更强价值主张的高质量数据被 AI 迫切需求，同时也客观催生元宇宙商业模式创造更多高价值的数据喂养 AI。或者说，喂养 AI 需要更庞大的高质量数据，因此需要元宇宙这样一个新型数据生产机制。书中我们把元宇宙产生的机理定义为"数据奇点"带来的"元宇宙大爆炸"。

这条线索拥有很强的现实意义，一个时代的到来必定是因为有巨大的推动力，不是偶然事件促成的，更不是财富炒作可以支撑的。当认知盈余出现的时候，每个人都有旺盛的精力参与生产 UGC 和 PGC 等互联网内容。内容大繁荣和用户的迁移效应让多个互联网商业模式迅速崛起。当互联网创造了海量的信息盈余的时候，无论个人还是企业和机构都发现大量的无用数据堆砌降低了效率，于是用 AI 算法来消耗信息以获取更高质量的信息（更多体现为数据）成了刚需；而当 AI 被广泛应用的时候，AI 能力日新月异，智能盈余必然出现，对更多数据需求的缺口也必然出现。那么，什么样的形态可以创造更强大的数据供给，可以让

AI 获得无限智能的超凡能力呢？是的，这就是元宇宙，一种新型的内容生产机制。这也是产业界热情期盼元宇宙的深层原因。

目前，AI 应用形态主要有三种。

第一种是端智能，主要体现在消费电子的 AI 端智能应用，无论手机、电视、电脑还是冰箱、洗衣机等家电，都采用了 AI 技术。

第二种是边缘智能，比如物联网的应用就促进了边缘智能的发展。这方面的市场潜力被认为是无限的，因为我们希望世间万物都被智能化，这就需要边缘计算能力，需要事物与网络相连并进行数据交换。

第三种是中央智能，需求场景是超大型应用，比如智慧城市、智能工厂控制、无人飞机群控制等，甚至包括模拟战争、模拟气候变化等超大规模应用，它们都需要中央智能的超级计算力。

而目前探讨的元宇宙实际上结合了三种智能形态，VR、AR、MR、XR 等可以理解成新型的端智能，元宇宙产业应用更多体现为边缘智能逻辑，而元宇宙注定拥有无限智能能力的中央智能。这也是元宇宙背后的一个重要逻辑，虽然体现在外表是设备、游戏或者社交网络，但其内核则是一个超大型的 AI 应用实践。

元宇宙华丽登场

"元宇宙"华丽登场，全球瞩目。

《雪崩》是比《认知盈余》和《奇点临近》出版时间更早的著作，只不过由于是科幻小说，并没有在互联网行业产生广泛的影响，而且在其发表的那个年代，不但互联网没有形成大发展，科技巨头也远远没有今天这样强。所以，书中对科技巨头主导世界的设定确实在 1992 年具有强烈的科幻色彩。不过其经历了 30 年才大放异彩，也让人唏嘘不已。

重温《雪崩》里面设定的情景，我们发现有一些预言已经实现了。首先，全球科技巨头确实已经拥有比肩国家的强大能力，美国的 FAMANG（Facebook、Apple、Microsoft、Amazon、Netflix 和 Google）加起来的总产值已经超过很多国家的 GDP。其次，书中描绘的虚拟现实场景在高通和英特尔等半导体巨头以及 Facebook 和苹果等公司研发的 VR 和 AR 的推动下，已经形成 3D 互联网等全新趋势。再次，Roblox 和 Epic Games 平台游戏中的 3D 场景展现完美诠释了新一代互联网应该具备的创新特性。最后，也是最重要的一点，互联网和前沿科技行业跨行业、跨越式发展客观上对全新理念牵引产生了强烈的需求，而且海量数据开始驱动 AI 高速进化。这些都让《雪崩》描述的"元宇宙"场景成为可能。

不仅如此，从人类文明的高度看今天的科技发展，硅基文明和碳基文明开始平行进化，从不同视角诠释着世界。人类在 300 万年前学会了使用工具，在 5000 多年前发明了文字，今天已经开始尝试用"虚拟 + 现实"的 3D 世界承载新型文明，这就是"元宇宙"带给我们的惊喜。

5000 多年的文明进化，加上 200 多年的现代科学发展，当历史站在 2021 年的时间关口，现实世界中"物质中心化"时代希望寻找的那把改造自然的斧头依然存在，虚拟世界"灵魂觉醒"正在呼唤人类变成更有创造力、更具情感和灵性的新人类。人类和机器人主体的双重主线同时出现在历史进程中。经历了

"信息爆炸""智能爆炸"之后,"元宇宙大爆炸"正在像创世纪一样形成一个又一个新型元宇宙诞生的冲击波。

毫无疑问,元宇宙时代在不久的将来将会更加显性。我们且带着乐观的精神,抱以期待,并试着对这个深刻的文明进化逻辑发出更多的追问,也务实地解决技术变革带来的多重社会问题甚至伦理挑战。期待本书能为读者提供系统的元宇宙思考,也为产业界朋友提供切实可行的落地帮助,带领大家展望下一个科技时代的瑰丽和神奇。本书是集体智慧的结晶,感谢百度、华为、中国平安等公司的多位技术专家和掌柜智库的写作顾问为本书编写提供帮助。

最后,欢迎您将本书的读后感发给我们,也欢迎对本书的不完善提出意见和建议。周掌柜邮箱为 30044503@qq.com。期待元宇宙式的知无不言。

致谢

感谢掌柜智库的半导体及 AR 行业专家张立博士、产业科技和战略管理专家刘超先生、品牌与企业数字化专家刘羽先生,三位写作助理深度参与了本书的筹划、研讨和创作。张立博士认为"元宇宙"对于大型科技公司是不需要讨论、必须跟随的产业趋势,刘超参与构建了元宇宙行业应用模型和产业支撑框架,刘羽在科技公司数字化转型方面贡献了很多真知灼见。也感谢本书写作过程中给予笔者支持的百度、华为、中国平安、德国博世、腾讯和OPPO 等公司的多位技术专家,他们让本书获得了更丰富的案例和内容支撑。

元宇宙术语

本书从互联网的发展趋势切入，围绕"AI+数据"这条主线，同时对趋势的逻辑进行了抽象。总体而言，对于宇宙大爆炸的类比自然带出了新视角的思维方式，由此形成了"元宇宙大爆炸""数据奇点""数据膨胀"等新理念。对于系统构建元宇宙这个大体系来说，准确定义有利于更好地阐述和把握。这里将本书中提到的核心理念做了定义和归纳，有利于读者了解元宇宙概念的内涵和外延。

■ 元宇宙（Metaverse）

"元宇宙"是新型的"虚拟 + 现实"融合形态，也是互联网的终极形态，具备多重无限特征。元宇宙通过新型内容生产方式解决互联网面临的问题，同时通过 3D 交互带来全新的用户体验，鼓励用户创造知识，驱动 AI 高效进化，孕育机器人生命体，最终推动硅基文明和碳基文明融合进化。元宇宙是宏观叙事中的一种理念，是产业叙事中的科技生态，是企业微观叙事中的创新商业模式，更是中小企业的机会。

■ **元宇宙商业模式**（Metaverse Business Model）

特指致力于构建元宇宙的公司早期形态。拥有元宇宙商业模式不代表已经构建了一个成熟的元宇宙。从早期数据聚集开始，元宇宙商业模式致力于积累数据并形成数据的价值主张，最终通过"数据奇点"大爆炸形成元宇宙。

■ **混沌数据**（Metadata）

特指消费互联网、产业互联网数据产生过程中的数据形态。传统互联网数据包括 3 种：个人创造的数据（往往零散且没有指向）、科技公司积累的大量数据（往往形成数据垄断）、社会机构数字化产生的海量数据。当 3 种数据拥有了元宇宙体系的价值展现时，混沌数据状态便宣告结束。

■ **数据奇点**（Data Singularity）

特指混沌数据被元宇宙商业模式大量吸收之后，在商业应用中形成了清晰的社区或系统价值主张的时间点和空间点。"数据奇点"源自一种高势能的价值主张，这种无形的极致聚集必然带来可引爆的无限能量。"数据奇点"的引爆实际上创造了支撑 AI 快速进化的海量数据基础。

■ **价值主张**（Value Proposition）

特指数据价值的一种倾向性指向。清晰的"价值主张"也意味着数据的特性更加一致。个人数据的价值主张最终往往落地为价值观和生活方式，公司和机构数据的价值主张最终落地为商业生态的价值取向，社会数字化数据的价值主张最终落地为元宇宙世界的完善。

■ **元宇宙大爆炸**（Big Bang）

特指元宇宙商业模式的"数据奇点"产生之后，在这个特定时间点、空间点，拥有清晰价值主张的数据在元宇宙商业模式推动下引爆式形成新的元宇宙的数据生产方式，之后伴随着元宇宙高质量数据膨胀爆发诸多创新。同时，元宇宙阶段的 AI 超级智能觉醒推动了机器人生命体的广泛出现。这个定义基于对多个元宇宙商业模式观察总结而来，也是利用了复杂性科学原理并借鉴了目前公认的宇宙大爆炸学说的演化逻辑。从根本上说，元宇宙的出现源自智能盈余之后对海量数据的新需求。

■ 元宇宙数据膨胀效应（Expansion Effect of Metaverse）

特指元宇宙时代彻底数字化带来的海量数据出现效应。元宇宙时代在多用户、多元信息采集、多主体交互前提下，数据规模远远超过互联网时代。元宇宙数据膨胀效应为 AI 提供了进化养料，也是推动机器人快速发展的一个重要基础条件。

■ 元宇宙无限智能

特指元宇宙数据膨胀效应驱动的 AI 能力大爆发。和互联网 AI 相比，元宇宙 AI 拥有人类和机器人双重数据获取主体，拥有 VR 设备等全新的数据渠道，也有着元宇宙用户沉浸式体验的数据贡献（也就是彻底的数字化），所以，元宇宙 AI 必然是无限智能的。同时元宇宙数据膨胀效应会促进物联网更快地发展，以及万物智能的广泛普及。元宇宙无限智能必然是所有超级公司期待拥有的终极能力之一。元宇宙无限智能和人类智能的最大差距将是创造力、情感和灵性。

■ AI 集体学习

特指元宇宙中 AI 在人机共存情况下体现的新型智能进化模式。延续之前 AI 深度学习、AI 深度认知，AI 集体学习在元宇宙中是 AI 进化的一部分。由于元宇宙的深度参与性，AI 集体学习模式使元宇宙具有了丰富性和进化动力。

■ 智能资产

特指在元宇宙中被官方认可并且具备一定资产属性的智能形态。智能资产一方面体现了产权价值，另一方面也是智能应用价值的衡量标准。智能资产一方面是以应用的形态展现的（当然，这种应用很多应该是 AI 机器人的形态），另一方面是以资产类的元宇宙艺术等形态展现的。

■ 无用之人，有用之人

前者特指在人工智能时代到来之后广泛讨论的一个话题，就是 AI 奇点到来之后强人工智能具有替代人的能力。由于对社会的贡献被替代，人类的社会价值变弱了，面临大面积失业。后者特指元宇宙对人类精神世界价值的重新挖掘，普通人有机会通过自身的能力训练机器人来体现价值，更多人通过在元宇宙中的创造力展现、精神世界萌芽获得全新价值认可。每个人在元宇宙中都成了构建元宇宙的"有用之人"。

■ 硅基文明，碳基文明

特指分别由硅元素无机物发展出的文明形态以及由碳元素有机物发展出的文明形态。实际上，这两个词最早来源于科幻小说，是对现有文明世界的抽象，近些年得到广泛的认知。本书中，硅基文明更多指代半导体技术驱动的消费电子、机器人等科技文明形态，碳基文明更多指代当前的人类文明形态。元宇宙注定是融合硅基文明和碳基文明而发展的。

| 目录 |

第 1 章 CHAPTER 1

定义：元宇宙到底是什么

扫描二维码，
收看章节导读视频

核心观点摘要

■ 元宇宙定义

元宇宙是新型的"虚拟＋现实"融合形态,也是互联网的终极形态,具备多重无限特征。元宇宙通过新型内容生产机制解决互联网面临的问题,同时通过 3D 交互带来全新的用户体验,鼓励用户创造知识,驱动 AI 高效进化,孕育机器人生命体,最终推动硅基文明和碳基文明的融合进化。元宇宙是宏观叙事中的一种理念,是产业叙事中的科技生态,是企业微观叙事中的创新商业模式,更是中小企业的一个机会。

■ 虚拟＋现实

元宇宙并不是一个平行于现实世界的虚拟空间。更准确地说,它是一个"虚拟＋现实"的融合空间。所以,元宇宙承载的并非人类对于虚拟空间的极致想象,而是融合虚拟和现实的新型科技形态。

■ 元宇宙的"七大无限特征"

"七大无限特征"包括:无限接近仿真,即社交即时化;无限接近平台无障碍,即平台无障碍参与;无限接近共识即所有,即去中心化产权思维;无限接近全身心沉浸参与,即全时间沉浸式参与;无限接近全真场景,即全真场景展现;无限接近账号即虚拟生命,即全域一致性账号体系;无限内容建设和创造,即无限内容定义权。

■ 入口为王

VR(虚拟现实)和 AR(增强现实)所展现的虚拟世界只是元宇宙的两个重要入口形态,或者说是一种早期入口和长期标配形态，未来必然是 XR（混合现实）的全方位展现。区块链、游戏、社交网络、消费电子、虚拟人也都有成为元宇宙入口的可能性。

■ **创造工具**

元宇宙的基本特质中，最突出的应该就是"创造"带来的新型数字产权归属特征。几乎所有的元宇宙商业模式都提供了创造工具，以便让更多的人参与元宇宙的建设，这与消费互联网、产业互联网时代的巨头对数据的垄断模式有很大区别。

■ **海量数据与 AI 大模型**

元宇宙的核心支撑技术必定是 AI 技术。在 AI 发展的前沿趋势中，大模型技术提高了对复杂数据的处理能力，进而带来了海量数据的需求。这有别于普通模型对相对简单数据的处理能力，最终大模型技术创新将引发元宇宙和互联网在智能应用和交互体验上的质变。也就是说，AI 大模型让元宇宙更加智能。

■ **新型城市化**

人类构建元宇宙的根本需求与现有文明构建城市的逻辑是一样的。城市让能源的使用更集约，让数据的交换更高效、规模更大，进而提升文明进化的效率和质量。类似地，元宇宙也是超大型"虚拟＋现实"城市的文明展现方式。

■ **虚拟人生**

林登实验室创始人正是被《雪崩》一书所描述的虚拟世界所震撼，才创造出了火爆一时的游戏《第二人生》。但当时个人电脑算力有限，游戏引擎和通信效率也都不理想，因此微软等公司都在尝试虚拟世界的创新。所以，2021 年元宇宙大爆发在某种程度上是各种技术突破和客观推动的结果。

目前，"元宇宙"确实是一个火热的现象级新名词。一方面这是一个全新的创新科技概念，在全球经济低迷且缺少创新驱动力的情况下，各方实际上都渴望一个引领性的新纲领；另一方面元宇宙承载的内涵已经远远超越了互联网、人工智能的范畴，正在整合消费级和产业级互联网并驱动 AI 进入新阶段，也在朝着更大格局的新型文明演化，这背后已经有多重产业实践支撑。从元宇宙对于现代文明的意义上看，我们可以将其类比为城市产生的价值。"城市"不仅让能源的使用更集约，也加速了人类社会的信息交换，进而提高了个人的生活质量，孕育了现代科技。从这个意义上讲，元宇宙也是未来"虚拟 + 现实"世界的超大型城市群。目前，由于这个理念被多种角度阐述，其名词定义及内涵、外延出现了差异，这也符合新生事物早期阶段的发展逻辑。本章我们力求多维度溯源元宇宙，探讨其客观价值。

1.1 元宇宙诞生的必然性

元宇宙理念横空出世，但并不突兀。它有思想渊源，也有产业先导，所以并不是一个全新的颠覆式概念。而从更大的历史背景来分析，元宇宙确实也是人类发展史上的一个里程碑式创造。我们探讨元宇宙话题需要遵循两个基本原则。

其一，超越争论。争论元宇宙理念是否有意义，这件事本身其实是无意义的，这就好比争论文字的发明对于记录文明是否有意义。如果我们把元宇宙构建的虚拟世界理解为一种文明记录和承载，它本身就有记录文明的历史意义。

其二，基于实践和超越实践。在本书中，**我们更倾向于将元**

宇宙视为宏观叙事中的一种理念，产业叙事中的科技生态，企业微观叙事中的创新的商业模式，以及中小企业的机会。这些表达方式实际上都是为了牵引实践，也可以说超越实践本身。

从批评者的角度看，元宇宙确实有点宏大和模糊，但任何一种理念诞生的时候，往往是这样的叙事方式才可能引发更多的想象力。随着更多的实践附着，这种模糊才有可能更加具象化。认为模糊就代表没有意义，认为争论就代表价值虚无，这多少带有一种保守的偏见。

从历史维度看，元宇宙理念是人类工具发展到一定阶段的必然产物。

善于发明和使用工具，是人类与其他生灵的重要区别。我们从工具发展的角度将人类文明进化大体分为 6 个阶段，而文明进化的线索都是生产力、生产关系交互作用所孕育的。

第一阶段：基本工具发明，体现生产力推动文明进步的根本理念

从生产力角度看，人类文明最早出现的标志就是具备了制造工具的能力。工具让人类区别于其他动物，获得了改造自然的能力，并在某种程度上弥补了自身的能力缺陷，让人类在猛兽穿行的世界中生存下来，并逐渐成为世界的主人。**对比元宇宙，我们发现元宇宙构建的特征之一就是"无限内容定义权"。元宇宙公司为此设计了丰富的创作工具，这和人类早期发明工具的价值类似。**

- 石器：约 300 万年前，人类进入石器文明时代，石器是人类最早掌握的工具。有了工具，人类改造自然的能力获得提升。

5

- 陶器：约 2 万年前，人类学会了制作陶器。这是从旧石器到新石器时期进化的证据，也说明人类掌握了低温制造技术。

- 金属器：约公元前 4700 年，世界上最早的冶炼铜器出现在中国陕西。这说明人类具备了利用金属制造器皿的能力，说明人类掌握了高温制造技术。

- 交通工具：约公元前 3000 年，带有横帆的帆船出现，表明埃及人掌握了制造交通工具的基本能力。

第二阶段：文明记录工具发明，体现文化信息是传承文明的核心理念

从文化理念的角度看，有了记录和传承，人类文明进化的效率才会更高。当文字出现之后，人类的大脑开始得到更好的训练，这注定极大地加速了人类文明的进化。中国人最早发明了造纸术和印刷术，这是令文明获得广泛认同的科技支撑，或许这也是中国人文化属性更加鲜明的一个重要原因。**元宇宙通过区块链等技术形成了文明记录，并且确权智能资产，这让元宇宙的"虚拟＋现实"世界成为一种人类文明的全新记录方式，和文字、造纸术、印刷术的逻辑一致。**

- 文字：大约公元前 4000 年，苏美尔人发明楔形文字。公元前 3100 年前后，古埃及人发明了象形文字。人类的历史开始被记录，文明的新阶段开启。

- 雕刻绘画：大约在公元前 1776 年颁布的《汉谟拉比法典》记录了人类最早的规则意识，这些规则得以保存主要依赖于石刻技术和青铜器，这是人类文明规则被系统记录的开始。

- 造纸术：公元 105 年，中国的蔡伦改进了造纸术。这是世界上最早的造纸术，也让作为世界文明古国的中国开始用更先进的载体记录和传承文明。
- 印刷术：公元 1045 年前后，中国人毕昇发明活字印刷术。活字印刷术的发明极大地提高了内容记录的效率，也让很多文化典籍得以更好地传承。

第三阶段：现代科学带来的工具发明，体现了工业化推动生产力进步的理念

人类最早的制造理念是从大自然取材和改造。当有了深入改造自然的能力以及科学技术支撑之后，人类开始制造更先进的工具，推动人类文明进入工业化时代。从逻辑上看，工业化的动力依然来自人类对更高级工具的持续追求。**AI 就是元宇宙中的先进工具，与传统的实物工具不同，AI 处理的是信息和数据，它推动文明进化。AI 某种程度也成了元宇宙中的"蒸汽机"。**

- 科学进步：1687 年牛顿正式发表万有引力定律，1679 年德国数理哲学大师莱布尼茨发明二进制。这两个发明和那个时代众多的科学进步，为现代科学发展以及工业化的进步奠定了基础。
- 蒸汽机：18 世纪 60 ～ 80 年代，英国人瓦特改良了蒸汽机，为生产提供动力。这个发明其实是在之前的发明基础上的改进，但是很快就开始大规模应用于生产。
- 机械自动化：从 1793 年开始，惠特尼发明了一系列机械，推动了人类的机械革命。机械革命的发生为生产力的进一步提高做了最重要的技术准备。

- 电力：1821 年，英国物理学家法拉第发明了第一台电动机。1866 年，德国人西门子发明了自激发电机，标志着电力时代正式到来。电力革命应该是人类文明突飞猛进的一个里程碑。这是人类科学史上最重要的事件之一。

第四阶段：现代文明记录和传输工具发明，体现了数字化是创新文明表达方式的新理念

现代文明从信息的传递方式变革开始，电报机、无线通信极大地拓宽了人类的社交范围，并且让文字等信息广泛流动。而信息也驱动了人脑的进化，让人类正式进入了全新的信息科技驱动时代。数字存储和计算机改变了纸张时代记录文明的方式，为人类进入数字化时代提供根本保障。数字化依托于电脑、手机等载体被广泛推广的同时，正在以更快的速度训练人类的大脑。**元宇宙的"社交即时化"特征客观上需要新型的数据传输技术，这也和数字化发展中的通信发展逻辑类似。**

- 电报：1835 年，美国人莫尔斯发明电报机，这几乎是通信时代之前人类最高效的通信工具。
- 电话：1876 年，美国人贝尔发明了有线电话。电话的发明让人类通信能力获得了里程碑式的提升，也扩大了人类社交的范围。
- 数字存储：1877 年，美国人爱迪生发明了留声机。留声机或许就是数字存储最早的载体，让人类文明可以用数字的方式记载。
- 计算机：1936 年，图灵发表了奠定计算机和人工智能基

础的论文，被称为计算机科学之父和人工智能之父。计算
机后面的发展完全改变了人类文明的形态，某种程度上其
也是人类再造自身智力的转折点。1946 年，美国计算机
科学家巴克斯设计了第一门高级计算机语言，并首先在
IBM 公司的计算机上实现了应用。计算机为人类文明的
进化提供了动力。

　　**第五阶段：数字化工具的发明，发展出移动智能化重构文明
的理念**

　　在数字化工具出现之后，信息社会创造了大量的数据，同时
人和机器的对话效率获得空前提升。数据的积累客观上为更高级
别决策系统的诞生做了重要铺垫。某种程度上，AI 进化基于三
个要素——数据的积累、算力的提高和认知模型的进步，另外还
包括生物科学对人脑机制的探索。而智能手机的广泛应用和用户
体验的提高，实际上将人类和机器的距离历史性拉近，或者说人
类也开始参与到机器的数据积累和运算之中。广泛开启的智能化
浪潮和计算机小型化为个人手机是分不开的。而移动智能化也突
破了多屏载体，形成了无处不在的交互逻辑。**实际上在元宇宙发
展中机器人也是一种数字化工具，机器人集人类科技于大成，更
体现了智能化重构文明的理念。**

- 半导体：1958 年，集成电路诞生。半导体行业从英特尔
  奠基开始，目前已经成为人类信息文明最核心的驱动力。
- 操作系统：1985 年，微软公司发布了 Windows 操作系统，
  人机对话界面获得极大改善，这也是计算机行业的里程碑
  式进步。

- 显示器：20 世纪 70 年代初，世界上第一台液晶显示器出现。到目前，显示技术已经在柔性屏上得到突飞猛进的提高，人与机器的信息交互和对话已无处不在。
- 人工智能：2017 年，AlphaGo 与围棋天才对决，掀起了人工智能技术应用的热潮。人工智能逐渐成为各大科技公司投入的重点。
- 信息高速公路：1973 年，世界上第一个光纤通信实验系统在美国贝尔实验室建成，信息高速公路概念诞生。1989 年，万维网出现。技术的进步为互联网的飞速发展奠定了重要基础。
- 智能手机：2007 年，苹果发布了第一代 iPhone，用触控的交互方式极大地提升了人机对话能力。

第六阶段：数字化文明记录和传输工具发明，体现了元宇宙理念对文明历史的继承和创新

元宇宙理念的诞生基于多个领域的科技创新，比如：社交网络的形成和发展，让人类的活动空间得到了极大的改变；VR、AR 等技术的实现，扩大了互联网空间的入口和应用场景；区块链、比特币、NFT 等技术重新塑造了虚拟世界经济运行规则和资产形态。以下的科技成就已经有了元宇宙的影子。

- 社交网络：2004 年，扎克伯格创立了全新的社交网络 Facebook，目前在全世界拥有超过 10 亿用户。社交网络开创了全新的人类社交活动空间，也是元宇宙理念诞生的一个重要基础。
- 区块链：2007 年，中本聪发明了比特币。2010 年，著名的比特币交易所 Mt.Gox 成立，这标志着比特币正式进入可交易市场。

- VR、AR 等虚拟现实设备：1967 年，海利希构建了一个多感知仿环境的虚拟现实系统，该系统被认为是人类最早的 VR 系统。约 1966 年，计算机图形学之父和增强现实之父萨瑟兰开发了一套增强现实系统，这是人类第一套 AR 设备。

- NFT：2013 年，基于区块链系统的 NFT 创新出现。2014 年，Robert Dermody、Adam Krellenstein 和 Evan Wagner 创立了 Counterparty（一个点对点的金融平台），并建立了在比特币、区块链之上的分布式开源互联网协议。Counterparty 支持资产创建，拥有一个去中心化交易所，甚至还有一个 XCP 合约币。

- 机器人：约 1920 年，捷克斯洛伐克作家卡雷尔·恰佩克在他的科幻小说《罗萨姆的万能机器人》中，根据 Robota（捷克文，原意为劳役、苦工）和 Robotnik（波兰文，原意为工人）创造出了 Robotic（机器人）一词。1939 年，美国纽约世博会上展出了西屋电气公司制造的家用机器人 Elektro。它由电缆控制，可以行走，会说 77 个字，甚至可以抽烟，不过离真正干家务活还差得远。但它让人们对家用机器人的憧憬变得更加具体。2001 年，美国麻省理工学院研发出了世界上第一个有模拟感情的机器人。此后，机器人技术突飞猛进。机器人的发明和进化让人类文明进入了人类、机器人双主体共存阶段。

综上，在第 6 阶段进入元宇宙从逻辑上看并不突兀。对比前几个阶段,元宇宙创造"虚拟+现实"的世界的逻辑和现实世界的发展逻辑一致,元宇宙的技术特征和现实世界的发展几乎可以一一对应。

在这6个阶段的历史进程中,我们可以感受到延续几千年甚至几百万年人类文明进化的线索,明白"虚拟+现实"文明实际上同样是记录人类活动和智力的全新方式,元宇宙理念承载的虚拟现实融合同样是新工具驱动生产力发展带来的。可见,元宇宙理念的发生和发展并不是一个虚拟世界脱离现实世界的颠覆式创新方向,更像是多个科学技术集中指向的一次抽象概括。

更值得思考的文明大逻辑也体现了硅基文明和碳基文明平行进化的轨迹。**可以看到,文明发展过程中向内对人脑进行探索,向外不断通过生产力的发展寻找新的"地理大发现",这两点在不断加强文明的根基。**从地理大发现逻辑来看,每次地理大发现都会推动技术进步。元宇宙具备明显的虚拟世界地理大发现属性,也可以被认为是一种"生产工具大发明",这些和星际探索需要的技术支持并不矛盾。从逻辑上看,元宇宙必将推动科技文明走进一个全新的时代,这应该是一个不可逆的历史过程。可见,元宇宙理念对虚拟现实世界的探索有着文明的必然性特征。

1.2 元宇宙先锋队:标志性公司引爆元宇宙理念

在元宇宙趋势确立的过程中,标志性公司的价值确立起到了重要支撑作用。元宇宙第一股 Roblox、元宇宙游戏第一股 Epic Games 和元宇宙社区代表公司 Facebook(已改名为 Meta)这三家公司对于确立元宇宙趋势起到了重要推动作用,我们称它们是元宇宙先锋队并不为过。下面对三家公司分别做详细的介绍和分析。

1.2.1 Roblox 与元宇宙

1. Roblox 的起源

Roblox 起源于创始人 Baszucki 于 1989 年成立的一家名为知识革命（Knowledge Revolution）的教育科技初创公司。Knowledge Revolution 开发了基于模拟程序的二维实验室，学生和教师可以在那里用虚拟杠杆、斜坡、滑轮和射弹模拟物理情境。Baszucki 发现，孩子们利用该程序做的事情已经远远超出教科书中的物理情境，比如模拟汽车碰撞和建筑物倒塌，建造一些有趣的东西。也就是说，Roblox 源自互联网骨灰级元老创立的在线教育科技公司。

1998 年，Knowledge Revolution 被一家名为 MSC Software 的工程软件公司以 2000 万美元的价格收购。创始人 Baszucki 受孩子们在他的交互式程序中构建物理世界的启发，和曾担任 Knowledge Revolution 工程副总裁的 Erik Cassel 一起开始构建第一个版本的 Roblox。

在 Roblox 2005 年测试版部署后的最初几个月里，用户社区很小，在高峰期大约有 50 人同时玩（今天这个数字已经超过 100 万）。但社区规模小使 Baszucki 和 Cassel 能及时反馈用户问题。不久后，他们发布了 Roblox Studio——一款让 Roblox 用户能够创建游戏和模拟器的应用程序。Roblox 在这个平台式运作模式的带动下开始了真正的爆发式发展。

到 2012 年，Roblox 每月有超过 700 万独立访问者，是最受欢迎的儿童娱乐网站之一。根据 comScore 的数据，欧美 6 到 12 岁的孩子在 Roblox 上花费的时间比在任何其他网站上的都多。它也是除了谷歌之外欧美青少年浏览次数最多的网站。Roblox 目前的月活已经超过 1 亿，这说明它已经成为世界性的下一代游戏社区。

2. Roblox 的崛起：源自元宇宙商业模式的确立

Roblox 的崛起虽然有着长时间孕育的过程，不过，也确实是在元宇宙这个大背景下获得了价值的极大放大。

Roblox 的转折点恰恰发生在 2012 年。Roblox 在这一年拥有了更多儿童用户之后，启用新的商业模式。 在 2013 年之前，公司都没有开放平台，大量的创作者无偿进行游戏创作。2013 年之后，Roblox 传统的用户已经成为青年人。于是，公司采用了全新的商业模式，开放了编辑器，让 Roblox 不再是单纯的游戏公司，变成了一个游戏开发者汇聚的超大型平台。

新商业模式的第一个特点是开放分成和创作者权限，这本质上就是一种元宇宙商业模式。 创作者可以自行为游戏提供的内容或者道具等定价，设计商业模式，确定是免费还是内购以及什么东西需要充钱，甚至可以掏钱给游戏打广告，做营销活动，与外部资源进行合作。如果有一定资本，创作者可以自己招聘人手，组建工作室。创作者对作品有着很强的掌控力。至此，Roblox 平台的两大关键点就开始发挥作用，即开放经济与放权（放权给游戏开发者）、拥抱 VR 新型入口。开放平台以后，公司的经营数据爆发式增长。

新商业模式的第二个特点是接入 VR 等设备，全面拥抱元宇宙。
开放游戏平台的模式一直延续到上市。这期间 Roblox 增加了 VR 入口，提供了清晰的元宇宙用户体验。2021 年 3 月 10 日，

Roblox 上市当天涨幅 54%，而相比其半年前的最后一次上市前融资，公司的估值增长了 7 倍，将近 400 亿美元。而到 2021 年 3 季度，Roblox 股价又比上市之初涨了 1 倍以上。这个赛道短时间内成为二级市场最火的赛道，因此，Roblox 被称为 "元宇宙第一股" 当之无愧。

而这个布局早在 5 年前就做出了。 2016 年 4 月 16 日，Roblox 宣布将登录 Oculus Rift 平台，用户可以在平台上设计自己的 VR 游戏世界和体验。为了兼容 VR，Roblox 优化了专门用于 VR 的摄像头控制，提高了视频质量，增加了第一人和第三人视角之间的切换选项。Roblox 庞大的用户基础不仅可能产生众多的 VR 游戏，也使 Roblox 有可能成为虚拟现实社交平台。

当前，在这两个重要的新商业模式基础上，游戏的会员体系、荣誉体系、群组体系都在游戏中得到了重新建设。这些方面与传统游戏的竞争格斗属性完全不同，甚至和之前的《第二人生》游戏纯粹的构建也不同，趣味性更强一些。

所以，回到我们从元宇宙角度对 Roblox 的审视来看，它确实是一个向 3D 社交网络升级的游戏形态，同时伴随着游戏引擎和编辑器的同时升级，并且内部生态系统在 "虚拟 + 现实" 的推动下比之前的 3D 社区更加立体和丰富。这一切带来了超越游戏本身的元宇宙体验。这也解释了元宇宙是一个起源于游戏，但是完全超越游戏的全新产业形态。

1.2.2　Epic Games 与元宇宙

Epic Games 作为元宇宙游戏代表性公司，比 Roblox 具有更强的游戏属性。元宇宙游戏实际上是超越既定游戏认知的娱乐性的。我们再把 Epic Games 和 Roblox 做一个对比。

1. 传统游戏基因和腾讯加持

Epic Games 公司的成长经历比 Roblox 的顺利很多。Epic Games 的代表作品有《子弹风暴》《堡垒之夜》等，最畅销的产品是《战争机器》系列。该公司的盈利能力一直很强，其研发团队是近十年来最负盛名的游戏制作团队，设计的 3D 游戏引擎被无数游戏开发团队所采用。

腾讯在 2012 年 7 月以 3.3 亿美元收购 Epic Games 已发行股本 48.4% 的股份。财报指出，Epic Games 已属腾讯集团的联营公司，且腾讯有权在 Epic Games 董事会上提名董事。2020 年，索尼投资 2.5 亿美元收购了 Epic Games1.4% 的股权，使 Epic Games 的估值达到了 178.6 亿美元。这两次代表性的融资都表明，Epic Games 这家相对传统的游戏公司一直受到投资追捧，并且有着比 Roblox 更好的商业变现能力。

2. 更早的元宇宙进化

Epic Games 的转折点是在 1998 年。这一年它开始加速向一家元宇宙公司进化。Epic MegaGames 是一款 3D 第一人称射击游戏，已经被开发出一个系列。2007 年 8 月 20 日，Epic Games 收购了一家位于波兰的游戏开发商 People Can Fly，成为其第一大股东。

我们现在总结 Epic Games 的元宇宙技术基础，最核心的应该是 3D 虚幻引擎技术。目前，Epic Games 已经成功开发到第四代 3D 虚幻引擎，也已经打造完成第五代虚幻引擎。每一代虚幻引擎都拥有完整的图形绘制功能和声音处理功能。

对比 Epic Games 和 Roblox 可以发现，Epic Games 的 3D 引擎从出发点上来说，和 Roblox 高度依赖于创造力的游戏引擎和编辑器存在着较大差异。但两者的共同点就是都拥有超大型 3D 社区的构建能力，并且拥有这个 3D 社区的用户运营能力，所以它们都从聚焦 3D 游戏、拥有"元宇宙商业模式"的公司成为了"元宇宙公司"的代表。

以上这两个案例很好地诠释了游戏和元宇宙的关系。元宇宙超越游戏的格局，但其发展进程深受 3D 游戏发展影响。

1.2.3　Meta 与元宇宙

相比 Roblox 和 Epic Games 的游戏入口切入，Meta 是以 VR 设备和社交网络进入元宇宙商业模式的另一个代表。

2021 年 10 月末，Facebook 创始人扎克伯格发布了一个爆炸性新闻，即 Facebook 将更名为 Meta，聚焦于成为一家纯粹的元宇宙公司。而 Meta 这个新 logo 本身就来自元宇宙的英文 Metaverse，可见扎克伯格的决心和野心之大。

Meta 表示，计划未来五年在欧盟创造 1 万个新的高技能工作岗位，以推动开发元宇宙。

这堪称大手笔，目前业内人士的看法是，由于 Meta 在 VR 领域的巨大投入和进展，实际上 VR 入口这个战斗基本上已经结束，扎克伯格是最终的胜利者，国内字节跳动收购的 Pico 是最后的船票。技术上，Meta 布局了大量底层技术，比如空间交互、设备专利、底层技术专利等。可以很确切地说，Meta 是希望通过将 VR 切入点和目前的社交网络结合，形成全新的元宇宙公司形态。

扎克伯格的元宇宙战略对 VR 和 AR 的重视程度极高。他多次强调 Oculus Quest 2 等 VR 头显和 AR 智能眼镜等硬件对于公司长期元宇宙愿景的重要性，并表示："为元宇宙构建基础平台是一条漫长的道路。我们发布了售价 299 美元的 128GB 版 Quest 2，这一愿景付诸实践并不仅仅只是打造一款眼镜产品。这是一个完整的生态系统。我们正在同时构建多代 VR 和 AR 产品，以及新的操作系统、开发模型、数字商务平台、内容工作室，当然还有社交平台。"

从销售数据上看，Oculus Quest 2 在 2021 年的销量已经超过 1000 万台。这也意味着 Facebook 将在消费电子领域直面和苹果的竞争。从用户体验的角度看，目前 Oculus 的用户体验确实获得了革命性的提升。无论从屏幕的显示清晰度、视觉体验带来的沉浸感，还是手柄的高精度定位系统，Quest 2 都已经相当成熟，而同等性能的产品却贵两三倍。下一步 Facebook 很有可能像特斯拉一样进一步低于成本价销售这款产品，以快速获得用户，进而为元宇宙战略获得更大的竞争优势。

更名 Meta 后，公司的元宇宙格局更加清晰。从 2021 年第四季度开始，负责 AR/VR 业务的 Facebook Reality Labs（FRL）将单独立项披露业绩表现和投资活动。扎克伯格还表示："我们正在为增强现实和虚拟现实产品和服务投入大量资源，这是我们开发下一代在线社交体验工作的重要组成环节。新的项目披露将提供有关 FRL 业绩和我们正在进行的投资的额外信息。"

综合以上，从元宇宙更大的格局上看，游戏和社交网络这两个领域对于元宇宙入口的争夺目前确实处于先锋角色。从这个角度说，VR、AR、MR、XR 等技术形成的内容社区，以及 Roblox、Epic Games、Meta 希望开发的 3D 社区，也是元宇宙游戏的重要组成部分。

这些创新实践都在告诉我们，元宇宙正在以基于产业并超越产业的格局快速展开。一方面，元宇宙具备深刻的产业多维度创新支撑；另一方面，元宇宙打开了一个比生活方式更加丰满的文明展开方式，同时元宇宙先锋也让元宇宙必然成为一个长期的科技趋势和产业趋势，而非昙花一现的概念。

1.3　元宇宙推动"虚拟 + 现实"世界的城市化进程

除了具体的产业创新，我们不妨对元宇宙存在和发展的价值做一个抽象，将其与城市化进程做一个类比。

应该说城市化是文明的标志，也可以看成是文明发展的一种结果。《全球科技通史》一书中有这样的描述："从最基本的逻辑上讲，只有当人类能够获取足够多的能量，养活大量的非农业人口时，城市化才能开始。农业文明的发展让人类创造能量的能力从文明之初（公元前 4000 年）的每人每天 10000 千卡达到公元前 200 年（差不多是秦始皇统一中国的时期）的 27000 千卡，这让足够多的人口能够从事工商业，甚至一些非生产性的、纯脑力的工作。"

而城市化是从之前的小城邦开始的，也是尝试农业之外新型生产关系的开始。当城市化出现之后，科技的发展，特别是科学的发展得到加速。当然，如果仅仅有一两个知识分子分布在农村，科学也是无法发展起来的，因为城市化本身对科学至关重要。农业文明的发展让城市的规模扩大，真正意义的科学就在这个环境下诞生了。

所以，从能量的角度看，城市化是人类改造自然、获取能量的一个标志性节点；而从信息的角度看，城市化同样是一个重要里程碑。纵观人类文明史，科学、文化的发展与信息源的丰富、传播方式的进步息息相关。人类城市化进程的根本逻辑是工业化大生产和分工带来的对信息的聚集性需求，由此人们从散居到聚居以获得更多信息，也提高了生产率。更重要的是，城市是利于人类进化的更好环境，因为在城市里可以获得更多的信息。更多的人居住在一个城市中的时候，就会产生更高密度的信息交互，最终促进社会的发展和人的进化。

我们似乎可以做出一个推论：元宇宙的发展同样会让人类交互的成本极大降低，人们不需要见面就可以获得更真实的交互，这为社会节约了大量时间。类似于城市化效应的信息交互方式，必然让人们超越以经济活动为唯一目标的传统生存方式，投入更多时间用于精神世界的创造和创新，促进知识的大爆炸，最终促使人类文明更高层次发展。

1.3.1　城市化群居有利于"集体学习"

有一个很有意思的小故事，与城市化带来的集体学习效应相关。在1930年以前，英国工人送到订户门口的牛奶瓶既没盖子也不封口，因此，山雀与知更鸟这两种在英国最常见的鸟，每天都可以轻松愉悦地喝到漂浮在上层的奶油。后来，牛奶公司把奶瓶用铝箔装起来，借以阻止早起的鸟儿偷喝。没想到，大约在 20 年后的 1950 年，英国所有的山雀都学会了把奶瓶的铝箔啄开，继续喝它们喜爱的奶油。然而，知更鸟却一直没学习到这个本领，自然也就没奶可喝了。

在研究"山雀学习"现象时，专家们发现：生理构造基本相同的山雀与知更鸟之所以会有两种截然不同的结果，主要在于山雀是群居动物，常常迁徙换巢，当某只山雀发明了新的啄法，啄破奶瓶盖喝到奶油时，别的山雀也会通过它们群居的特性，沟通并学习到新的技能；知更鸟则是有领域习性的独居动物，各自居巢为王，相互间的沟通常常仅止于排来犯之鸟，因此，就算偶有知更鸟发现奶瓶的封口可以啄破，其他的知更鸟也无从得知。

这个故事说明：在这个充满竞争的社会中，无论个体还是群体，都可以通过知识的积累、分享、应用，快速有效地提升自身竞争能力。显然，拥有群居能力的山雀更善于学习知识，而知更鸟的能力进化就很慢。这个逻辑和城市对于人的能力提升的帮助是一样的，本质上城市化进程就是从人类对信息的追求开始的。

1.3.2　现实世界的"逆城市化"与元宇宙的新型城市化

那么，我们对比城市化进程与 Roblox、Epic Games、Meta 这样的超大型 3D 游戏和社区中体现出的建设特征，甚至追溯到《第二人生》游戏的建设属性，元宇宙构建的虚拟社区某种程度上也处于一种新型的"虚拟＋现实"世界城市化进程中。

理解元宇宙的城市化特征还有另外一个角度——现实世界的"逆城市化"。

2020 年 5 月 17 日，美国查普曼大学研究员 Joel Kotkin 在

《国会山报》上发文分析了"逆城市化"现象及其影响。据估计，美国大城市疫病致死率是人口密度高的郊区的 2 倍多，几乎是低密度郊区的 4 倍，与小城市和农村地区的差距更大。哈里斯民意调查显示，近五分之二的城市居民正在考虑搬到人口密度相对低的地方。

盖洛普调查表明，疫情发生之后 60% 的人表示在可预见的未来更愿意选择远程办公或者居家办公。实际上，美国国内移民增长最快的是人口不足 100 万的城市，这与 10 年前相比发生了巨大变化。疫病流行削弱了人口密集城市的影响力。要求保持社交距离意味着办公室只能容纳越来越少的员工，意味着坐地铁要等很长时间，意味着出行变得更加困难，意味着城市生活会变得拮据。

新冠肺炎疫情结束之后，应该说远程办公的惯性还会继续存在。元宇宙这样"虚拟 + 现实"世界的长期发展，也是在弥补现实世界的城市化凋敝。或者会存在这样的逻辑，现实世界的"逆城市化"环境恶劣，这在某种程度上推动了元宇宙发展。

综上，元宇宙都在鼓励创造力、参与建设等，这些行为某种程度上是为了更快地推动"虚拟 + 现实"世界的城市化进程。"虚拟 + 现实"社区的发展注定将更好地提高信息交互效率，也将在客观上推动文明的进化和发展。所以，我们认为元宇宙确实更像是一种"虚拟 + 现实"的新型城市，这是一个不可逆的大趋势。

1.4 文学与影视作品中的元宇宙思考

不得不承认，"元宇宙"这个概念的提出和传播，与文学作品及科幻电影对未来世界的畅想是分不开的。或者说，"元宇宙"思维在文学作品中存在很多年了。而且文学作品对虚拟世界的畅想大大超前于虚拟现实技术的创新实践。对于元宇宙的认知，我们虽然不能完全照搬科幻电影或文学作品中的展现，而将其作为想象力的参考却很有必要。

1.《雪崩》

还是从《雪崩》这本书谈起。《雪崩》被认为是第一本以网络人格和虚拟现实的初步暗示为特色的科幻小说，书中探讨了在"雪崩"病毒的影响下，人类如何通过"虚拟＋现实"的方式重构文明。

书中的故事发生在 21 世纪初期美国的洛杉矶，美国联邦政府将大部分权力给予了私人企业家和组织，将国家安全交付给了雇佣军队，公路公司之间也相互竞争吸引司机来它们的路上开车，政府剩余的权力只是做一些烦琐的工作而已，社会的繁荣安定与它们无关。政府的大部分土地被寡头瓜分，成为他们的个人领地。小说主人公 Hiro Protagonist 是一名天生的黑客、武士兼比萨饼快递员，靠为黑手党递送比萨饼谋生。当致命的雪崩病毒战胜黑客并且威胁到虚拟现实世界时，Hiro 成了制服病毒的最佳人选。

在小说中，作者斯蒂芬森畅想了一个不同于以往想象的互联网——虚拟实境（Metaverse）。这是和社会紧密联系的三维数字空间，与现实世界平行，在现实世界中地理位置彼此隔绝的人们可以通过各自的"化身"进行交流娱乐。这个 Metaverse 就是目前被广泛公认的"元宇宙"概念的发起点。

　　从斯蒂芬森的表达方式看，他并非是一个彻头彻尾的无政府主义者，对于从科技垄断者手中夺回文明定义权是充满期待的。但他洞察到的科技公司形成超大型虚拟世界主体并对现有国家治理产生挑战的时间点是在 1992 年。那时候互联网还没有高度发展，科技公司远远没有今天这样拥有举足轻重的作用，甚至没有出现 Meta 这样的超级社区网站，可见他的洞察和想象力还是很惊人的。从当今的情况看，各国都在限制和约束科技公司的某些权利，这和《雪崩》所设想的未来社会形态非常吻合。

　　有评论说："该部小说的故事像茂盛的枝叶一样，朝四周伸展开来，向读者传达了一个永恒的真理：科学不可逆转地改变了整个世界。小说中的主要人物有牛顿、莱布尼茨（德国著名的哲学家和数学家）等曾为科学做出过巨大贡献的人物，他们和斯蒂芬森笔下的那些性格怪异但才智超人的虚构人物一道推动着小说情节的发展。"

　　斯蒂芬森在书中对"虚拟＋现实"世界的畅想潜移默化地影响了后面 30 年虚拟现实技术的发展，尤其是在游戏领域，因为游戏领域有清晰的商业模式，所以成为最有动力做虚拟现实创新的产业。他的理念也渐渐演化为前沿科技公司的互联网精英们持久的梦想——建立一个平行虚拟世界，每个人在虚拟世界中都有一个映射现实世界的分身，在虚拟世界中可以自由交流和畅想。

　　这本小说其实是在预言人类社会未来可能出现一个偶发性时刻。在该时刻，社会组织形态会发生革命，超级科技公司通过构建 3D 社交网络承担一部分政府的组织智能，它们也迫切需要支撑新世界的革命性理论。

2.《黑客帝国》

《黑客帝国》这部电影非常烧脑，描述了一个由超级计算机掌控的"元宇宙"世界。影片主角是一名在矩阵中生活的年轻网络黑客尼奥，他发现看似正常的现实世界实际上被某种力量控制着，于是便着手在网络上调查此事。而在现实中生活的人类反抗组织的船长墨菲斯也一直在矩阵中寻找传说的"救世主"。就这样在人类反抗组织成员崔妮蒂的指引下，尼奥和墨菲斯见面了，在墨菲斯的指引下回到了真正的现实中，逃离了矩阵。

《黑客帝国》和《雪崩》的逻辑还不尽相同，如果说《雪崩》是预言了一个科技公司主导的未来"虚拟+现实"世界，那么《黑客帝国》实际上预言的是人类的硅基文明（半导体技术发展带来的机器人技术等形成的新主体）在主导碳基文明（生物技术从人类碳水化合物结构中演绎的主体）的社会形态。当然，硅基文明的背后也有人的参与。比较耸人听闻的就是当硅基的智能机器人拥有了超强智慧的时候，人类的碳基身躯反而成了为这个文明供电的"电池"，而绝大多数人都将生活在虚拟空间。可以说，《黑客帝国》是纯粹虚拟世界的想象，应该也是更多人抗拒的发展方向。

纽约时报对《黑客帝国》的评论比较正面：这是又一套向"人类中心说"说不的电影，谱写了人与机器关系的新篇章，其观念上的冲击力与历史意义甚至要超过机器人三定律。

对《黑客帝国》的负面评论其实更多一些，因为这部电影极致渲染了人类被机器奴役的形态。虽然这样的情况并不会马上发生，但是从当今的 AI 发展趋势上看，机器人既然已经可以在下

围棋和国际象棋时打败人类，未来确实存在超越人类智慧的可能
性。不过这部电影只能说和元宇宙畅想的虚拟世界部分有关系，
其实并不是从正面意义探讨元宇宙"虚拟＋现实"形态的作品。

3.《三体》

刘慈欣的科幻小说《三体》介绍了一个三体游戏。对于三体
星系这一个极为奇幻的想象世界，刘慈欣充分发挥了他在硬科学
上的特长，赋予这个世界完全真实可信的物理特性和演化发展规
律。有评论说："刘慈欣以虚拟现实的方式，借用地球文明的外
套，来讲述这个遥远文明 200 次毁灭与重生的传奇，三体与地球
遥相辉映。在构造了一个丰满坚实的三体世界以后，他进一步让
三体世界、地球，甚至还有更高级的文明，发生更加猛烈而意味
深长的碰撞。"我们发现这本小说其实也是在一个类似三体游戏
的虚拟世界观中，形成了对未来文明的想象。《三体》也在提醒
人类应关注文明发展终极方向。

刘慈欣认为元宇宙是人类文明的一次内卷，真正的方向应该
是星级文明。这个观点延续了《三体》中的世界观思维。不过仔
细推敲，元宇宙的文明形态也具备强烈的工具属性，比如在工业
仿真中的应用。元宇宙推动人类进步的论据是非常充分的，所以
这并不影响人类向星级文明发展的可能性，反而为其提供了科技
支撑。

4.《头号玩家》

**这部电影被认为是反映元宇宙世界形态最确切的作品，当
然，里面主要展现的是 VR 设备和 XR 体感装备在元宇宙社区中**

的全面应用。

《头号玩家》讲述了一个现实生活中无所寄托、沉迷游戏的大男孩，凭着对虚拟游戏设计者的深入剖析，历经磨难，找到隐藏在关卡里的三把钥匙，成功通关游戏，并且收获了网恋女友的故事。

这个故事的大背景发生在 2045 年。处于混乱和崩溃边缘的现实世界令人失望，人们将救赎的希望寄托于"绿洲"——一个由鬼才詹姆斯·哈利迪一手打造的虚拟游戏宇宙。人们只要戴上 VR 设备，就可以进入这个与现实形成强烈反差的虚拟世界。这个世界中有繁华的都市，形象各异、光彩照人的玩家，不同次元的影视游戏中的经典角色也可以在这里齐聚。就算你在现实中是一个挣扎在社会边缘的失败者，在"绿洲"里依然可以成为超级英雄，再遥远的梦想都变得触手可及。哈利迪弥留之际，宣布将巨额财产和"绿洲"的所有权留给第一个闯过三道谜题，找出他在游戏中藏匿彩蛋的人，自此引发了一场全世界范围内的竞争。

这部电影实际上从形态上预言了未来元宇宙发展最可能出现的场景。而每个人都拥有一个现实世界和虚拟世界共通的数字孪生形象，在虚拟世界可以发生很多类比现实世界的故事。应该说，除了社会发展衰落、破败之外，这部电影中的情节基本符合对未来虚拟现实世界出现后的各种逻辑推理。笔者并不认同电影中展现元宇宙带来现实世界破败的逻辑，但认为这部电影是元宇宙研究者最值得看的电影。

5.《黑镜》

其实还有一部电视剧也存在对元宇宙形态的猜想和预言，这就是英国电视剧《黑镜》(Black Mirror)。这部电视剧用多个构建于现代科技背景的独立故事展现基于柔性屏、全场景屏幕状态下的科技生活场景，表达了当代科技对人性的利用、重构与破坏。

里面的设想也很有意思：在未来的某个时间点，科技已经改变了生活的方方面面，到处都可以放置监视器，一部智能手机都是一面反映时下现实的黑镜子。人们膜拜谷歌、苹果、Meta等，认为它们比父母更了解自己。人们能够访问全球所有的资讯。黑镜制作团队运用真实的超大屏3D技术和逼真的特效技术向观众展示了未来的科技，和这些黑科技所反映出来的人性弱点。拍摄镜头也多带黑色滤镜，使场景显得更加阴暗、低沉。

《黑镜》在想象未来科技发展的同时，其实也在批判科技对人类生活的异化，特别是对生活方式的深刻改变。从京东方、TCL和三星这些显示屏巨头的发展方向已经可以看出，柔性屏形态、更低成本、更大面积展示，这些都将是屏幕行业的发展趋势。那么，按照这个趋势发展下去，屏幕确实有可能成为城市和建筑的主要构建材料，形成万物皆屏幕的世界。无处不在的屏幕，加上AI推动的人机对话，可能让人类更多时候是在与屏幕进行互动。

6.《安德的游戏》

科幻电影《安德的游戏》讲述了人类与外星虫族之间的战争。为了抵抗外星虫族的攻击，人类成立了国际舰队，并在孩子们的身上安装了监视器。最后一名叫安德鲁·安德·维京的小男孩被选入并到学校接受培训。哈里森·福特饰演的上校开始训练安德，使其变成一个领导力极强的指挥官。故事里的男主角完全是通过一个虚拟现实的游戏指挥战斗，并且打败了虫族。影片中的全仿真战争系统就是一个未来科技时代的元宇宙世界。这部电影为我们对元宇宙如何在超大型战争模拟、气候变化模拟等领域应用提供了一个视角。

总结以上多部电影，科幻作品中对于未来世界的认知越来越凸显出两个共同点。

第一，对于人类生存环境游戏化、虚拟化的大胆猜想。从现在技术发展趋势上看，游戏化、虚拟化的 3D 超大型元宇宙社区的到来应该没有悬念。

第二，对于宇宙具有多重性或者平行性的大胆假设。这里不仅包括对硅基文明和碳基文明融合趋势的思考，也包括对人类是否拥有造物主一样的姿态缔造高智能机器人的憧憬。

在数字科技创新的驱动下，一些科幻作品中展示的世界正在逐步成为现实。这些文学作品和电影作品中的感性认知让我们探讨的"元宇宙"话题更加立体和丰满。从感性出发，后面回到科技理性，也是笔者写作本节的目的所在。

1.5 元宇宙的定义及其"七大无限特征"

1.5.1 元宇宙的定义

基于上文对元宇宙的多维度分析，这里不妨对这个概念（或者叫理念）做一个明确的定义。元宇宙是新型的"虚拟 + 现实"融合形态，也是互联网的终极形态，具备多重无限特征。元宇宙通过新型内容生产方式解决互联网面临的问题，同时通过 3D 交互带来全新的用户体验，鼓励用户创造知识，驱动 AI 高效进化，孕育机器人生命体，最终推动硅基文明和碳基文明融合进化。我们在宏观叙事中将元宇宙表达为一种"理念"，在产业叙事中将元宇宙表达为一个科技"生态"，在企业微观叙事中将元宇宙表达为一种创新"商业模式战略"。中小企业将元宇宙看作一个"新机会"。

那么基于以上概念，我们不难理解 VR、AR、MR、XR 和社交网络公司为什么成为元宇宙投资的热点。因为它们构建的就是新型的虚拟世界表达系统，或者说是自身元宇宙战略的入口。从内部生态的逻辑上看，大型游戏更接近于元宇宙的形态，只不过也需要类似 VR 这种表达方式升级其内部的 3D 仿真能力。腾讯的"全真互联网"应该首先就是从游戏角度思考的。区块链公司和 NFT 发行公司在前沿创新中虽然还没有太强的技术能力构建超大型游戏架构或者硬件系统，但由于其理念和元宇宙接近，自然也更乐于从元宇宙角度阐述创新。消费电子和 VR/AR 设备厂商下一步大概率会快速跟进，努力追求自身的元宇宙入口。可见，元宇宙将是一个对多个产业产生巨大推动作用的长期趋势。

1.5.2 元宇宙的"七大无限特征"

从产业视角看，我们通过哪些标准来判断一个元宇宙商业模式是否真正创造了元宇宙呢？

图 1-1 展示了元宇宙的"七大无限特征"。这七大无限特征支撑着元宇宙的"无限创造"，也是无限创造的根本保障。

■ **无限接近仿真，即社交即时化。**从这个特征看，元宇宙中的交互长期趋势应该和现实交互没有本质差别。

■ **无限接近平台无障碍，即平台无障碍参与。**元宇宙社区和
　游戏的平台应该是完全开放、用户平等参与的。

"七大无限特征"支撑元宇宙的"无限创造"

图 1-1　元宇宙的"七大无限特征"（见彩插）

■ **无限接近共识即所有，即去中心化产权思维。**元宇宙需要
　借助区块链等去中心化手段，形成全新的数字资产、智能
　资产的获取和分配方式。

■ **无限接近全身心沉浸参与，即全时间沉浸式参与。**元宇宙

需要创造沉浸式参与体验，需要和现实生活轨迹有更强的贴合度。

- **无限接近全真场景，即全真场景展现。**绝大多数元宇宙应该是和现实世界逻辑相同的，并且展现更加趋近于现实世界。

- **无限接近账号即虚拟生命，即全域一致性账号体系。**元宇宙的账号即用户的虚拟生命，并且具有全平台的账号一致性特征。

- **无限内容建设和创造，即无限内容定义权。**元宇宙必然需要拥有用户建设的权利，并且提供创造工具。元宇宙商业模式需要形成无限内容（即数据）的生产方式。

本书的核心观点是，只有拥有了以上七大无限特征，才是真正的元宇宙。互联网某种程度上讲是有限的，而元宇宙本身则是詹姆斯·卡斯在《有限游戏与无限游戏》书中所讲的，是一个"无限游戏"："无限游戏本身就具有悖论性，正如有限游戏本身就是矛盾的。因为无限游戏参与者的目的是继续赛事，而不是为了自己而玩游戏。有限游戏的矛盾在于，参与者渴望为了自己而终结游戏。"从无限游戏特性角度看，元宇宙商业模式也必然具备无限特征进行承载。

这些特征中不一定每一个在元宇宙商业模式早期都100%具备，但超大型元宇宙具备七大无限特征是大概率事件。当然，以上特征并非全部。这里需要指出的是，元宇宙系统更倾向于用虚拟世界牵引现实世界改造，但是又必然基于现实世界。

所以，元宇宙确实是一种新型的创新科技理念，也是产业互联网发展到一定阶段的产物。沿着这个理念推理，我们可以清晰地看到科技行业发展的趋势和路径。这就是这个理念的价值所在。

第 2 章 CHAPTER2

观点：元宇宙是互联网的终极形态吗

扫描二维码，
收看章节导读视频

核心观点摘要

■ 产业互联网视角

元宇宙落地是多个科技产业跨边界、多维度创新融合的过程，而非简单的新技术替代旧技术，根本上是多个产业互联网技术融合创新带来的。《雪崩》写作时产业互联网远不如当今这么繁荣，作者对元宇宙的产业互联网基础知识了解不多，所以从这本书引发的元宇宙争论也普遍缺少产业互联网视角。

■ 平行与平衡

元宇宙拥有"无限特征"，是人和万物在"虚拟＋现实"世界的融合发展，本身也是科技文明最终形成人机共存的载体。元宇宙时代消费互联网作为人和机器人的互动媒介，在手机等消费电子设备中会长期存在；元宇宙时代的产业互联网将成为元宇宙最重要的支撑。做出元宇宙是互联网终极形态的判断的一个重要依据就是"虚拟＋现实"长期发展趋势是达成更符合人性需求的人机平衡，无限特征带来的终极平衡符合自然规律，那么，元宇宙则必然作为互联网终极形态出现，且并不会发展为纯粹的虚拟世界。

■ 机器人的三种形态

元宇宙中的机器人将包括虚拟人、孪生数字分身和机器人生命体三种形态，这是人和机器人主体叠加元宇宙带来的展现方式。一般意义上看，虚拟人是 AI 在元宇宙的形象化展现，分担元宇宙中的服务职能；孪生数字分身是现实世界人类在元宇宙的表现，代表着人类在平行世界的存在方式；机器人在元宇宙中则体现为独立完整的生命体，同样机器人会像人类一样在元宇宙中存在孪生数字分身。

■ 行业再造机遇

理论上，元宇宙会带来所有行业的深刻变革，特别是在消费互联网的交互层面和产业互联网的融合创新层面。用元宇宙的思维再造游戏、搜索、电商领域，存在着巨大的想象空间。从这个角度看，元宇宙不仅是互联网的终极形态，也是目前所有互联网公司必然的战略选择。

■ 新型交互

从消费互联网、产业互联网进化到元宇宙，需要从人连接人、人连接物、物连接物，加上"物的生命再造"和"人与物的交互"。元宇宙创造的新型交互逻辑为人机共存创造了基础。机器人超越工具属性作为新的生命形态进入元宇宙文明并被赋予人类一样的身份，也是大势所趋。元宇宙时代，连接和融合是必然，"人机交互"是王道。

将元宇宙定义为互联网的终极形态，是本书的核心观点。从互联网发展进程来看，早期互联网更多偏向于连接属性形成信息交互，自然更多体现为消费级应用创新；后期互联网向更纵深的方向拓展到以 IoT 为代表的产业互联网，AI 赋予万物智能，也就有了产业互联网对传统工业管理升级、智能化流程再造等方向的拓展。而当"人—物—场景"通过数据形成广泛连通之后，一个全新的基于 AI 大模型和数据膨胀的彻底的数字化元宇宙形态则势必出现，因为 AI 需要更高效的新型数据生产机制，也因为年轻用户有对 3D 虚拟现实体验的需求，这就是互联网向元宇宙进化的核心逻辑，也是机理上信息时代到数据时代的重要切换。对于"终极形态"的判断，我们将元宇宙带来的硅基文明和碳基文明融合进化作为思考起点，可知终极形态必须有无限特征和终极稳定形态，文明平衡具备这样的支撑基础。可见，元宇宙基于消费互联网、产业互联网和 AI 进化，最终通过新产业塑造新文明。

2.1 互联网的升维时刻

从产业互联网升维的角度看元宇宙，很多逻辑关系就异常清晰了。

企业家在产业升级时代往往具有很强的战略决心，Meta 公司的扎克伯格堪称意志坚定和行动有力的代表。 在 2021 年 10 月 28 日发表的《创始人的信》中，扎克伯格详细解读了公司从 Facebook 改名为 Meta 的系统性思考。其中最有代表性的一句话是："元宇宙的决定性品质将是一种存在感。"公司的官方博客也借此表示：Meta 将公司的应用和技术整合到一个新的公司品牌下，Meta 的重点是让元宇宙变得生动起来，帮助人们建立联系，找到社区，发展业务。所有迹象表明，扎克伯格眼中的元宇宙不仅是确定性趋势，也是公司唯一的战略大方向。

此前一个月，扎克伯格在向员工介绍 Facebook 发展方向的时候表示，公司将致力于打造一套包罗万象、互联互通的科幻体验集合。他说："我认为最有趣的部分会是如何将这些不同的主题整合起来，汇聚成一个更大的创想……所有这些举措的总体目标就是让元宇宙成为现实。"扎克伯格澎湃的心情溢于言表。

国内的互联网专家对元宇宙同样敏感。 马化腾在 2020 年就曾提出一个有关"全真互联网"的概念，他说虚拟世界和真实世界融合的大门已经打开，移动互联网的下一个十年将致力于帮助用户实现更加真实的体验。从底层逻辑上看，马化腾提的"全真互联网"与元宇宙理念没有本质差别。

百度高层透露，扎克伯格发布元宇宙战略之后，百度的李彦宏第一时间把这个新闻的英文版发到高管群里，引发了很多内部讨论和争论。元宇宙的理念与百度正在推动的"AI 生态"跨越消费级互联网和产业互联网的战略定位同样异曲同工，或者可以认为李彦宏看重的希壤项目和虚拟人研发本质上就是对元宇宙的提前布局。

元宇宙确实已经从国外火到了国内，似乎所有互联网巨头和产业科技巨头都在关注这个潜在的战略升级机遇。

2.1.1　互联网的挑战

谈到这里，我们先回头看看互联网行业全球发展现状。

从收入规模上看，2020 年美国的 FFANG 的总收入为 3140 亿美金，仅仅头部的几个公司就成为全球富可敌国的超级经济体，相当于 2020 年 GDP 世界排名第 18 的瑞士。从规模上看，互联网行业 20 年的发展已经超越动力蒸汽机革命和电力革命几十年上百年的成就，而且美国头部互联网科技型公司的收入规模远远超过中国所有互联网公司的总和。

所以，数据显示互联网确实达到了巅峰时期，如果没有前沿创新理念的牵引，企业时刻面临盛极而衰的风险。此刻对于互联网成为落后产能的讨论，也很值得玩味。真实的情况是，中国互联网经济规模与美国依然有巨大的差距，也就是说中国的互联网经济仍有巨大发展空间。何况，以腾讯、阿里和百度为代表的互联网公司，已经在半导体芯片、人工智能、智能汽车等领域投入巨资，这表明互联网巨头在消费级互联网护城河基础上正横向扩展到产业互联网。种种迹象表明，中国的互联网依然是一个方兴未艾的产业，这也为融入元宇宙创新奠定了基础。有的业内人士评论说：这是一次真正直道超车的机会，元宇宙盛宴不容错过。

实际上，中国互联网巨头正在推动的产业科技型公司升级与元宇宙只有一步之遥。其一表现为互联网公司开始加大硬件投入，不仅参与 VR 头盔等硬件的投入，也有包括腾讯、百度、阿里在新能源汽车领域的大笔投资；其二表现为中国的互联网公司在美国同行引领和政府政策的双重推动下，开始向更底层的芯片、传感器、AI 等硬科技进军，百度更是坚定地提出了"两基一底"战略（基础科学、基础研究、底层技术）；其三则是所有互联网公司开始跨产业推动"互联网＋"和"智能＋"的进程，特别是在智能云业务推动下，互联网公司向所有产业部门提供智能化支持的趋势非常清晰。当然，这些都是已经完成的实践，而这些正是元宇宙底层技术需求和主要创新方向。

可见，全球的互联网公司不仅在唱多元宇宙，也在脚踏实地地实践。在全球范围内国家治理和科技公司激烈碰撞的当下，在社会舆论因为互联网强大到让人畏惧的时刻，不得不说，"元宇宙"不仅是及时雨，也再次展现了互联网创业者对于人类文明的使命感和再造美好世界的宏大愿景，强有力地回击了"互联网已经成为落后产能"的论断。互联网不但不是落后产能，反而成为整合多个产业集成创新的先进生产力代表。

2.1.2　元宇宙的机遇

但传统互联网的问题和挑战会在元宇宙时代解决吗？这是一个很务实的追问。在这个追问的大背景下，元宇宙理念对于互联网行业未来 10 年甚至 50 年的深刻思考正当其时。

元宇宙确实不是简单地复制互联网过去的玩法和经验，而像是一种系统性的再造逻辑。相对于消费互联网和产业互联网时代的传统社区，元宇宙有三个显著的差异化特点，也可以认为这是元宇宙对产业互联网的升维要点。

第一点是从"信息交互"到"沉浸式感知"。在消费互联网时代，用户和平台长期以来一直是直接或间接的商业关系，两者只进行简单的信息交互。元宇宙有 VR、AR、MR、XR、脑机接口等感知技术支撑，所以能给用户提供沉浸的感知体验，创造了"人和新世界"的关系。这种共生、共创和底层服务都将深刻影响互联网的构成、发展和进化。

第二点是从"简单交易规则"到"复杂系统经济规则"。对于元宇宙这样宏大的世界，注定需要有系统的经济规则以及世界运行规则。什么样的行为需要惩罚？什么样的规则在元宇宙中适用？什么样的经济基础设施能够提供支撑？这些规则需要区块链技术提供公开透明的自动执行，需要共识推动的平等确权。区块链对于元宇宙商业模式来说，是一个低成本建立规则的捷径，而实际上这个规则的出现比元宇宙理念的广泛传播还要早，或许也说明了人类社会本身就有着应用新技术跨国家治理全球性经济的需求。

第三点是"从个性化内容生产"到"大规模专业内容产权机

制"。这是元宇宙的第三个升维特点，就是最终容纳的是大规模的内容、智力、数字产品的生产创造，甚至融合现实世界真实产品的工业生产、制造和消费链条。元宇宙商业模式注定需要通过提供"创造工具"来鼓励这样的生产和创造，这些都最终沉淀为大规模专业内容产权机制。

综上，从各种思维的阐述和碰撞之中我们可以发现共同认知，那就是"元宇宙"实际上放大了传统消费互联网和产业互联网的生态观，有机地将两者联系到了一起，更加真实地将互联网的信息和智能属性与产业属性结合，通过激励用户的深度参与构建了全新、健康和激励有效的生态系统。

这个生态系统已经超越了软件 App 与用户构建的信息共享生态，也超越了平台经济高效的价值交换，甚至超越了消费互联网和产业互联网的区隔争论，呈现了产业革命级别的融合创新特征。

最终，我们相信元宇宙将超越消费互联网的应用功能属性，超越产业互联网的工具管理属性，成为互联网的终极形态。

2.2 元宇宙为互联网带来的三个核心价值

讨论元宇宙的核心价值，我们需要从全球产业巨头和前沿互联网公司的科技战略谈起。公司战略最关注下面三个核心要素。

一是"可持续增长"问题。这虽然是所有公司都关注的重点，但对于互联网公司尤其重要，因为没有可持续增长的支持，面对前沿科技的机遇以及激烈的竞争，互联网公司掉队也就是三五年的事情。互联网公司的特点是爆发力强，这背后有投资支撑的因素，同时，资本也会不断催生新的创新，让互联网公司在技术不再领先后迅速衰落。所以，可持续增长对于互联网公司至关重要。

二是"活力"问题。活力对于每家公司都很重要，对于科技公司尤其重要，对于互联网公司更是关乎存亡。活力不仅表现为团队的进取心，也表现为商业模式的进攻性，更重要的表现为互联网生态的参与度。这是 BAT 科技巨头一直致力于打造开放平台的原因，也是华为这样的公司会把构建鸿蒙和欧拉生态作为战略重点的原因。只有开放平台吸收开发者共同参与，公司的活力才可以维系。更直白地说，就是用新鲜血液换取青春。

三是"前沿技术"问题。互联网公司之所以关注前沿技术，客观上源自危机感，历史上几乎每一次重大技术变革都在重构商业机会，这种颠覆式的变革在传统行业并不那么明显。比如，当芯片计算力提升和小型化发展时，设备端就出现了 PC 向手机的切换，最终让华为手机崛起；语音交互技术识别度提高之后，小度、天猫精灵、小爱等智能消费电子产品异军突起，这同样是技术带来的变革；计算端的云计算趋势让亚马逊、微软股价达到历史新高，移动互联网的智能和短视频趋势让 TMD（字节跳动、美团和滴滴）在巨头眼皮底下做大做强。与之对应的就是传统巨头和文字类新闻网站的衰落。

这三点是互联网公司制定战略时关注的核心要素，它们也将在元宇宙创新中得到改善和发展。这三点也正是元宇宙为互联网公司带来的三个核心价值，下文我们将做详细的分析和拆解。

2.2.1　互联网公司在元宇宙时代的"可持续增长"

互联网早期的增长目标应该说非常清晰，就是普及信息高速公路，连接世界上现有的知识成果，让其便于查阅、便于被广泛应用；连接更多的人，让其便于交换信息，最终提高生产力水平。在这个阶段，全球范围内掀起了互联网基础设施的投资，带动了计算机的普及、光纤行业的发展、半导体行业的进化、通信技术的提升等基础变革。

随着互联网的进一步发展，其增长目标变成了强化人与人之间的社交关系。智能手机和社交软件的普及是移动互联网增长的强劲动力，这个增长势头一直持续到 2019 年左右。有数据显示，很多国家的人均手机拥有量已经超过 1 台，新加坡等国家甚至达到了 2.7 台。智能手机的普及已经接近尾声，目前国内的手机换季周期明显拉长，手机行业正在以每年 10% 左右的市场容量下滑。而且社交网络的应用早已经普及，无论 Meta 还是微信这样的平台，几乎已经没有新增用户的空间。

眼前最大的看点则转移到 VR/AR 等新设备能否吸引全新用户加入 3D 互联网上。互联网下一步的发展将不可避免地从消费端进入元宇宙形态，这个趋势从 Roblox 对年轻人的吸引力上看是必然的。

所以，应该说元宇宙理念从提出并迅速被接受，与互联网行业业绩"可持续增长"需求是匹配的，也与产业互联网领域"可持续增长"需求一致。回到高通提出 XR 概念上来，其实 XR 就是体感版的 VR。高通认识到必须通过理念创新和用户体验创新开启增长，为计算力提供一个更辽阔的应用支撑，这应该是其构建 XR 生态的最重要原因，本质还是满足增长需求。

归根结底，驱动元宇宙理念发展的是一个下一代互联网增长的问题，这是我们认识其价值的最根本角度。

2.2.2　互联网公司在元宇宙时代再造"活力"

虽然说现在的互联网依然是充满活力的，在各大社交媒体、各大网站的开放平台上，甚至在多个开源软件应用之中，依然活跃着大量内容生产者和应用创新者。但客观讲，最蓬勃发展的移动互联网应用创新时代已经接近尾声，互联网新流量注入正在衰竭，互联网创新在消费互联网中出现了活力不足的问题，在产业互联网中也出现了创新动力不足的问题。

所以，元宇宙理念的提出，对于大型互联网公司来讲，是驱动和用户共同创新的一个活力之源。本身互联网行业的特点就是创新牵引的。我们看到每个商业模式的创新都讲述了一个人们必须参加的梦想故事。而此刻，几乎所有和人们生活息息相关的故事都被讲述过。这时，元宇宙表达的 3D 立体的"虚拟 + 现实"结合的形态是以"新大陆"的姿态出现的，带有一种改天换地的牵引力。

活力也代表两个最重要的伴随要素。其一就是投资者踊跃进入，从美国互联网和中国互联网的共同特点来看，华尔街和硅谷的结合是一个巨大的推动因素，中国互联网其实也是国际资本和国际创新人才本地化的一个结果。投资者热衷于推陈出新，新故事才会获得新资本，这或许也是元宇宙相关创业者需要客观认知的核心问题之一。其二就是活力能激发创造力。我们以智能手机的普及为例，消费者为什么不断追求手机的升级？一个重要的因素就是软件应用快速发展对硬件提出新需求。而硬件和软件结合带来拍照等用户体验提升的需求。

再看微软提出的"企业元宇宙"，这些技术之前没有吗？不是的。新的应用方式有商业颠覆式变革吗？没有。但微软跟随元宇宙趋势是企业追求"活力"的战略决定的，只有这样才能激发团队的创造力和生态伙伴的想象力。

微软的企业元宇宙和高通的 XR 生态战略大逻辑一致，就是寻找创新的活力。活力是巨头的生命线。

2.2.3 互联网公司在元宇宙时代拥抱"前沿技术"

"前沿技术"主要体现在 3 个方面。

第一，底层技术和系统性平台技术。VR 的光学技术支持就属于一个底层技术，之前互联网公司在这个技术研发方向上的力量都比较薄弱，而元宇宙带来的机遇恰恰提供了一个可以做增量投入的机会。3D 渲染引擎是一个系统性平台技术，这方面之前主要是游戏公司的技术方向，但元宇宙时代几乎所有巨头必须拥有这项能力。

第二，硬件应用技术。苹果公司的无线耳机、无线充电都属于应用技术，这两个技术的前沿创新让苹果获得了两个最重要的配件利润来源。

第三，我们熟悉的软件应用层面。比如智能推荐技术，这个技术应用到新闻领域之后创造了短视频、推荐新闻平台的大繁荣。前沿技术支撑的商业模式创新往往会创造一个巨大的战略纵深机会。

所以，元宇宙之所以让互联网公司欢呼雀跃，背后的大逻辑就是元宇宙恰恰符合互联网公司追求的战略要点。而对于中小型创业公司来说，元宇宙这种理念革命给了它们一个边缘创新的机会，比如区块链领域，很多年轻创业者已经从区块链应用创新，快速进入 NFT 数字资产运营领域。而他们都是元宇宙最积极的支持者。从他们的角度看，元宇宙理念驱动的全新思维方式，为他们做 3D 虚拟世界的虚拟经济提供了一个完全差异化的保障。

综上，可持续增长、活力和前沿技术推动是元宇宙对互联网最大的三个贡献。元宇宙理念有望开启互联网的全新时代——一个充满想象力和商机的新时代。元宇宙理念有望把目前的信息革命、智能革命、动力革命、星空探索，甚至将疫情后变化的大逻辑联系起来，为科技发展指明方向。

此刻，互联网公司需要很清醒地意识到，元宇宙的争论实际上扩大了想象空间，并没有任何一家巨头因为争论而停止元宇宙创新的脚步，因为这是根本战略决定的。

2.3 元宇宙产业 3 年、10 年、20 年进化趋势预判

元宇宙产业进化趋势是很多人关心的，本节通过产业大逻辑研究做一个趋势性的大胆预判。

总体上看，我们可以把元宇宙产业应用分为三种情况。这三种情况是产业分析和预判的简单逻辑。

第一种，独立构建系统元宇宙商业模式的公司，Meta、腾讯、Roblox 这种都属于超大型元宇宙实践。

第二种，在设备端、应用端或者经济系统方面小切口推动元宇宙创业的厂家，这种情况和上述超大型元宇宙实践的指向基本一致。

第三种，元宇宙内容构建，包括类似 App 的智能应用、内容建造和内容创造。

从产业的热度和发展上看，进化必然随着产业进步展开，涉及先有鸡还是先有蛋的问题，也涉及增量和盘活存量的逻辑，同时量变和质变的关系也不容忽视。以下三个阶段的发展就是基于以上三种情况预测出来的。

2.3.1　未来 3 年看设备

未来 3 年，元宇宙设备（VR、AR、MR、XR）销量大爆发没有悬念，因为这是增量用户的入口。

在这个阶段，元宇宙理念的落地应用毫无悬念是 VR 和 AR 的应用，这两块已经有 10 多年的产业积累，产品体验更加成熟，技术上光学进步基本解决了眩晕感等问题。而且内容在多年积累之后更加丰富，在之前相对 VR 短片的基础上，带有明显元宇宙色彩的大型游戏等产品引爆市场的概率非常大。

Meta 眼镜销量超过 1000 万台就是一个标志性事件，不仅说明 VR 的用户体验获得了广泛认可，也说明 VR 必然驱动产业链的快速发展。传统消费电子巨头的进入无疑会放大这个热点，实际上三星这样的消费电子巨头早已经有了一系列成熟的 VR 眼镜产品，终端大规模销售也箭在弦上。苹果公司计划在 2022 年发布 VR 眼镜，可能真正引爆这个行业。所以，从元宇宙应用上看，笔者和业内多位专家认为 VR、AR 眼镜销量从 2021 年到

2022 年的引爆是元宇宙的最大推动力。

2.3.2　未来 10 年看元宇宙社交和游戏

元宇宙新型设备的快速发展以及增量用户的进入，对于社交和游戏这两个拥有巨大存量用户的行业来说，是巨大利好。所以，从中长期看，社交和游戏应用依然是元宇宙时代的中坚力量。

VR 和 AR 应用爆发之后可能会进入一个 10 年左右的发展周期，这个阶段元宇宙设备将极大地融入社交和游戏的应用之中。不仅如此，社交和游戏应用带来革命性用户体验的同时，也拥有清晰的商业模式。而且，这种展现方式会比元宇宙会议等应用更炫酷且黏性更强，受到欢迎和广泛采用的概率更大。Roblox 和腾讯的《王者荣耀》这样的游戏在整合了 VR、AR 能力之后，大概率在 10 年的趋势之中会成为元宇宙真正的主角，当然，也不排除其他专门为元宇宙时代定制的新型游戏，这个趋势大概率会持续相当长时间。

从体验上看，传统的多人在线、3D、创作类游戏缔造的虚拟世界具有一定的封闭性，元宇宙游戏强调自主创作，实际上就是向游戏开放平台发展，这就让元宇宙游戏中的行动和创作具有了资产属性，甚至不排除这类新型游戏最后颠覆微信等即时通信工具等的很多交友属性、好友通信属性，形成超大型元宇宙社区。从这个角度看，未来游戏公司和社交应用巨头正面竞争的概率很大。社交产品是体验上更加强调以生活场景为核心的应用，游戏更多强调以趣味为核心，在元宇宙时代两者会殊途同归。

元宇宙时代，社交和游戏应用都具备超大型平台的属性，并且整合了产业互联网的多种能力，以 10 年为周期来看成为元宇宙时代的中坚力量并无悬念。

2.3.3　未来 20 年看机器人

用量变到质变的关系来看元宇宙进化，可能需要以 20 年为周期。在这个过程中元宇宙的数据膨胀驱动 AI 进化最终达到智能奇点的可能性很大。无论虚拟人、孪生数字分身还是纯粹的机器人生命体，在这个长期趋势下都会成为元宇宙的趋势性热点。

元宇宙大行其道的时代最有可能出现的景象是：虚拟人依靠 AI 技术承担其在元宇宙中的服务职能，实现虚拟人的千人千面；每个人在元宇宙世界都会存在一个孪生数字分身，这个分身就是每个人的账号系统，也是虚拟世界的自己；机器人在元宇宙中也有数字分身，这个分身通过与人的交互在元宇宙中加速智能进化。这必然是一个量变积累的过程，AI 的进化速度只有在元宇宙的数据膨胀之下才会加速，但大趋势应该不会有悬念。

从发展情况来看，机器人已经成为多个产业科技巨头的发展重点。很多公司都在进军机器人行业，百度不仅提出"智能汽车机器人"这样的理念，也在探讨未来成为一家机器人公司的可能性。小米对机器人的趋势也异常敏感。2021 年 8 月，小米新品发布会上雷军发布了灰色机器狗产品，让人们清楚地看到机器人正在从实验室走向家庭，并且成为超级巨头关注的重点。

机器人的研发史并不算短，主要瓶颈并非硬件，而是软件，智能进化是一个瓶颈。回顾发展历史，20 世纪 60 年代，世界仍处于冷战铁幕之中时，美国通用电气公司设计师 Mosher 在机动系统实验室设计了一辆名为 Walking Truck 的机器马，驾驶者可以通过人工操作指令杆来控制机器的液压驱动系统，实现该机器马抬腿、迈步以及跨越障碍等动作。而 1986 年麻省理工学院的 Marc Raibert 开发出第一台能实现动态稳定步行的四足机器人，并于 1992 年成立了公司，这就是后来震惊业界的波士顿动力公司。在被谷歌收至麾下之前，支持波士顿动力的是它唯一的客户——美国军方。

到 2016 年，波士顿动力的机器人技术获得了巨大突破，仅有 25 千克重的机器狗 Spot Mini 外形小巧，可灵敏操控物体。人们意识到，这些之前笨重的军工用品，同样可以做得比较"迷你"且机动灵活。

目前的实体机器狗、机器人的模拟能力已经实现了实质性突破。那么，我们大胆推测，未来 20 年，元宇宙平台或游戏极有可能在人与人的社交属性之上，融入人机共存的交互方式，进而让机器人的智能水平获得空前提高。

也就是说，展望未来，元宇宙将整合消费互联网、产业互联网的全部能力，形成一个全息的超大型 3D 互动社区，人机共存的时代到来没有悬念，机器人加入人类大家庭现在看起来虽然大胆，但其本质逻辑和人类驯化狼成为狗作为忠诚伙伴有什么不同吗？应该是没有的。只不过，现在的人们在认知上还不太接受机器获得情感，这必然需伴随着 AI 的进步慢慢获得接受和认可。

2.4　元宇宙产业的悲观视角

虽然多方对元宇宙有着无限憧憬，可任何一种新生事物带来的影响注定是多面的，也有其价值边界，赋予无限价值也可能是爆发期狂热的一厢情愿。本节不妨从悲观视角看看元宇宙的趋势，听听反对者的声音。

先来看三种比较有代表性的元宇宙批判观点。

第一种，认为元宇宙纯粹就是一个概念，炒作概念者非蠢即坏，他们夸大了元宇宙创新性。这种观点把元宇宙的火爆和当初区块链火爆的场景做对比，三四年前，区块链到了全民热炒的地步，虚拟货币被炒成了众矢之的，这两年区块链有所降温。

第二种，认为元宇宙是一个美好的愿望，目前的技术离实现还有很远的距离。这种观点实际上也是在否定互联网公司向元宇宙发展的技术路线，背后的论据包括元宇宙耗费巨大电力，元宇宙环境对 AI 进化没有意义，甚至认为新冠肺炎疫情结束之后对虚拟世界就可以终止了。极端一点的观点认为，元宇宙的用户体验达成按照现在的标准 100 年都不一定实现。

第三种，认为元宇宙背后是一个巨大的阴谋。有的人认为元宇宙就是个别大公司、资本大玩家的阴谋，他们想通过炒作获取巨大利益；也有人认为这是一个反人类的实践。就像比特币一样，有人认为是天使，有人认为是魔鬼。

理性分析以上观点，其实任何一种新技术出现的时候，都有类似以上的悲观视角，这些批评不见得本身就是消极的，我们可以理解为一种"批判性思维"。但是常识告诉我们：

第一，被广泛传播和讨论的内容注定不是简单的概念，普通人的概念认知水平并不高，能在朋友圈里刷屏的认知，一定是基于大逻辑而不是概念。元宇宙理念被广泛接受和传播，起码说明其表达的用户体验在多数人看来是有需求的、合理的。

第二，认为元宇宙是一个美好愿望的人没有错，不过现代科技的发展一直是超出普通人的认知的。从 2000 年互联网泡沫到现在只有 20 多年，互联网不仅成就了孙正义这样的超级乐观者，也成就了一批世界级富豪和伟大公司，而 20 多年前有几个人大手笔投资阿里巴巴这样的互联网公司呢？新技术应用的速度一定超越一般人的认知，认为还有很远距离即使是正确的，也是悲观的。

第三，关于元宇宙异化人类生存方式的批评，每一次技术变革都会面对，无论对工业革命机器替代人的抨击，还是对互联网让人沉迷于网络的攻击，抑或是游戏让人玩物丧志的尖锐批评，实际上从产业角度并没有阻止这个领域的技术进步。而任何创新行业都会有一个时间周期解决伦理问题、监管问题和负面影响，游戏产业推出的年轻人上网监控机制就是一个例子。

那么，元宇宙是否真的可能是一次基于一般价值的疯狂投机呢？确实存在这种可能，但需要深入探讨。

不妨看看历史上真正的阴谋，真正的投机案例。

1637 年，荷兰郁金香泡沫破灭，这几乎让整个欧洲的投资者都蒙受损失。当时郁金香审美时尚导致一场经典的投机狂热，人们购买郁金香已经不再是为了其内在的价值或作观赏之用，而是期望其价格能无限上涨并因此获利。这是一次人类历史经济事件中最著名的"博傻理论"实践，就是找到最蠢的人接盘。对比元宇宙，元宇宙目前的复杂性和专业性，即使出现博傻也是找更聪明的"傻子"，不存在在一个广泛共识基础上吹捧价值的郁金香式炒作，所以，元宇宙不是击鼓传花骗局。

而再对比一下 1857 年美国的"铁路泡沫破灭"的经济恐慌。这是一次铁路投机泡沫的破灭。当时伴随着美国的西部大开发，铁路股票被炒到天价。炒作逻辑很简单：美国西部面积是东部的几倍，都有待开发，铁路开启了这个伟大的时代，所以铁路有可能成为一种终极产业。而且放眼全世界，美国西部大开发带来的火车、铁路创新，放到全世界市场也是一个巨大的商业机会。但很遗憾的是，美国历史上铁路股票的最高点就锁定在那个充满想象力的时代。而对比铁路泡沫和元宇宙理念，二者最大的区别是，元宇宙还不是火车和铁路那样成熟的形态，所谓的泡沫也就根本不存在。

至于元宇宙是否是资本操纵的，严格意义上说，也有可能。不过，能够同时操纵 Meta、英伟达、高通、苹果等超级巨头的资本，应该需要极大的体量，这样的资本巨头似乎并没有浮现出来。有可能存在的是像互联网泡沫一样，元宇宙在发展早期被寄予极高的期待，但是其发展速度和价值兑现相对缓慢，而资本市场可能出现剧烈的波动，就像互联网泡沫破灭时亚马逊股价跌落 90% 一样。

综上来看，元宇宙理念存在阴谋论的可能性有，但确实很小。元宇宙发展的波折一定会出现，也注定像当初互联网发展一样曲折向上。这是全世界几乎所有顶级科技公司都在回答的问题，可见其格局远远超过区块链、虚拟货币、虚拟资产的范畴。

从以上分析来看，元宇宙产业发展悲观视角足以引以为戒，面对的监管问题和负面能力管控问题值得研究和建设性解决，但不应过度悲观。

2.5 元宇宙产业的乐观视角

那么，乐观者的思维逻辑是什么样的呢？

乐观视角一：元宇宙是彻底的数字化、彻底的智能化，"虚拟＋现实"世界是发展趋势，目前瓶颈主要在虚拟部分发展得不够。

　　这个乐观视角实际上延伸了目前广泛讨论的数字化、智能化话题，我们有时候也称之为"数字化再造"和"智能化再造"。数字化再造是互联网发展的结果。从应用成果角度，我们看到办公相关的数字化生产力已经达成，无纸化办公和数字通信提高的办公效率已经非常普及。电商（如阿里巴巴）和数字化销售服务（如美团）也已经普及到人们的日常生活中，产业端的数字工厂目前推动的速度也非常快。可以说，数字化在全球范围内的办公、服务、消费和工业领域都已经取得里程碑意义的成就。"智能化再造"也被称为"万物智能再造"，其实还方兴未艾，物联网实际上是让万物拥有灵性。"AI 前行的最佳方向，是要在人类心智的内在结构中区寻找线索。"**而元宇宙与"数字化再造"和"智能化再造"的关系是：元宇宙对世界的改造更彻底。**

　　举一个同时具备数字化和智能化"双重再造"的例子，我们看看目前的这种创新方向是否有必要进一步向元宇宙发展。

　　目前，百度 Apollo 智能交通业务大力在三个方向上发展：第一，基于智能汽车配套产业链的自动驾驶、智能座舱、智能云和智能地图系统，这方面是为主机厂做配套的；第二，基于 ACE 智能交通的整个交通智能化调度系统，包括交通管控系统，这方面是为智慧城市配套的交通智能化解决方案；第三，Robotaxi 的萝卜快跑这样的无人驾驶出行服务平台，布局的是无人驾驶运营。

　　这三个角度都是当前非常超前的系统性战略架构。从应用上看，智能汽车"四智"配套已经全面落地到主机厂，ACE 智能交通也已经在多个城市展开应用，萝卜快跑品牌出租车在北京等十几个城市已经获得上路资格。百度已经构建了一个从无人驾驶技术到无人交通管理再到无人驾驶出租车运营的系统产业链，这个系列的核心就是 AI 战略布局。

Apollo 战略布局的两个细节更值得回味：一个是汽车内基于小度导航系统的定制虚拟人，每个人都可以按照自己的形象在智能系统中加工出一个虚拟人，用这个虚拟人来指导导航；另一个就是汽车机器人的提法，李彦宏多次表示智能汽车就是一种机器人。所以，百度的智能交通布局放大到战略纵深实际上已经是一个人机共存的形态，也是"虚拟＋现实"的形态，无非就差一个将用户、虚拟人、机器人统筹在一个空间的元宇宙社区。

腾讯的游戏业务实际上也在推动彻底的"数字化再造"和"智能化再造"，也就是向元宇宙进军。游戏产业在经过单人游戏、线上游戏、社交交互游戏之后，在产业互联网时代，向元宇宙游戏发展的根本动力是用户体验创新需求，也就是马化腾所言的"全真互联网"。可见，腾讯无论从投资布局还是业务规划上看，向元宇宙进军也并无悬念。

所以，从产业巨头实践的指向看，"彻底数字化、智能化再造必然催生虚拟文明"，这个判断有着充分的依据。

乐观视角二：硅基文明创新再造与碳基文明的自我挖掘，交汇点必然是元宇宙这样的全新世界。

"硅基文明"以半导体原料中的"硅"为发明创造的起点，通过半导体提供的算力、自动化的人类运动仿生、太阳能的可持续电力供应、AI 的智能化等前沿创新，最终有可能形成一个没有人类直接参与的可闭环运行的文明形态。

而"碳基文明"以有机生命体内最基本的碳水化合物为核心要素，致力于挖掘生命价值，是指基于生命体的文明。探索生命的基因工程、生物制药、仿生学产品、人造器官等都是碳基文明的发展方向。

实际上无论碳基文明还是硅基文明，都是在半导体和生物医学技术快速发展的最近 10 年才被广泛认知的。

那么，这两个文明形态和"元宇宙"是什么关系呢？

简单说，元宇宙就是承载硅基文明和碳基文明两种形态的更宏大的叙事主体。在两种文明高度发达的时代，我们可以推演很多具体可实现的场景。

通过机器人技术对人类四肢的再造和能力增强，人真正有了超人般改造世界的能力，类似建筑等重体力劳动都可以通过佩戴高科技机器手臂的高科技工人来完成，这是增强人体能力的部分，也包括 VR、AR 眼镜对人类视觉能力的增强。

有一天在办公室里，我们发现有一个人形的机器人在工作，他 / 她可以自动对接网络处理客户投诉等内容，这是一个 AI 的人形展示，完全有可能实现。

随着对人体大脑等器官的科学研究，人工智能大脑可能拥有更高的智能水平，或者一定的独立思维能力，那么电视、手机、平板电脑等设备都会因此拥有灵性。

那么，在以上硅基文明和碳基文明的融合形态中所出现的全新的世界就是一种元宇宙形态。

实际上，科技创新之中往往是乐观者更容易获得成功，孙正义就曾用一张图表表达了对互联网行业的投资逻辑。他说别人往往看很多细节论证互联网的价值，自己只看一张图表，就是全世界的网络流量在 1995 年到 2018 年增长了 100 万倍。

投资行业有一句名言：普通人拥有梦想，创业者拥有更大梦想，投资者则需要做更大的梦想。这或许也是对元宇宙创新的一个重要的乐观逻辑依据。

2.6　元宇宙与互联网终极形态思辨

论证元宇宙是产业互联网的终极形态时，我们需要把消费互联网、产业互联网和元宇宙的关系再做一次梳理和澄清。

以上消费互联网和产业互联网的发展路径中有两个核心线索。第一个线索是"数据"的生产方式、驱动力和数据与智能的关系，数据生产是整个互联网进化的第一推动力，这个说法并不为过；第二个线索是关于"需求"，从人的需求，到场景的需求，再到产业的需求，这背后都是需求牵引的。

这两个线索充分展现在消费互联网、产业互联网和元宇宙的发展之中。

- **消费互联网中人的数字化连接基本完成**。消费互联网体现的满足人们生活的商业模式也很完善，只存在平台迁移和适配的问题，不存在更多创新问题。比如电商，只存在从淘宝、天猫向抖音、快手迁移的问题，并不需要太多颠覆式商业模式。也就是说，消费互联网重大创新进化可能性已经很小，主要是传统商业模式带来的用户迁移问题，在元宇宙时代消费互联网所有形态大概会逐渐迁移到元宇宙平台生态之中。也就是说，用户对消费互联网的需求出现瓶颈，数据的创造也出现了瓶颈。

- **产业互联网正在重构"万物互融"和"万物智能"的生命体**。这是产业互联网发展很有意思的地方。我们发现在产业互联网时代机器人产业崛起，其是融合多种创新技术的集大成之作。扫地机器人最先普及，宾馆里面的服务机器人大规模出现。"人—物—场景"的链条加上 AI，势必带来机器人产业的繁荣。但产业互联网时代我们并没有真正赋予机器人人类社会成员的身份，也没有创建机器人之间、机器人和人无差别交互的环境。在产业互联网环境中，数据的价值更大，但数据获取的边界也非常清晰，就是万物互联的边界。而产业互联网在需求端实际上处于一种被动融入的状态，多个传统产业对智能化升级的投入产出比有一点犹豫。

- **元宇宙作为互联网终极形态，超越了以连接和融合创造新交互，给予机器人生命体特性。** 在元宇宙时代，从需求层面看，其主要是用户体验跃升这样一个逐步放大认知的过程，应该说需求端还存在巨大潜力。而且在元宇宙时代，机器人赋予生命体之后，形成的多维度交互相当于把消费互联网和产业互联网放在一个更大的环境中生产数据。也就是说，元宇宙在需求逻辑和数据创造逻辑方向都存在无限的可能。

从以上对于线索和互联网发展的分析中我们可以得出一个重要的结论，就是元宇宙是集大成者，且将之前的有限需求、有限数据放大到无限需求、无限数据。这个结论对于元宇宙发展状态的判断极其重要，也就是说元宇宙具备的核心属性就是"无限"！

那么，为什么说元宇宙由此成了互联网的终极形态呢？这确实需要我们定义一下"终极"，这个词的意思就是达到顶峰，未来很难突破和变化了。同时，"终极"也意味着在未来长期发展进程中，会形成一种难以被再次打破的平衡。

下面通过周掌柜管理咨询公司所构建的系列元宇宙战略模型来详细解答这个问题，通过系统的论证和推理来分析这个结论是否合理。

2.6.1　元宇宙大爆炸逻辑模型

元宇宙大爆炸逻辑是从宏观的世界本原来探索元宇宙，如图 2-1 所示。

元宇宙大爆炸逻辑图基于潘云鹤院士对于三元空间的架构，用于解释信息时代、数据创造和元宇宙的发展关系。元宇宙满足了物理空间、人类社会、信息社会两两交互产生海量数据的发展需求，不仅在数据积累和聚集过程中形成了可以引爆价值主张的数据奇点，也催生了新型的数字孪生需求。元宇宙并不是简单的虚拟世界，从严格意义上说是"虚拟＋现实"融合产生的全新世界，或者说是"互联网真正融入人类生活的终极形态"，是互联网之后的前沿科技创新形态。

也就是说，元宇宙本身就融合了物理空间、信息空间和人类社会，而这三个空间基本就是世界的终极架构。信息空间和物理空间之间，装备的数据积累自然带来了全新的物联网数据，进一步发展为元宇宙智能和算力系统；物理空间和人类社会之间，社区和游戏应用的升级自然带来了更多社交数据，支持元宇宙社区的建立；人类社会和信息空间之间，人机交互的变化自然带来了大量的人机数据，为元宇宙入口和设备运行提供基础。如果元宇宙是在重构这三者的关系，我们就可以初步判断元宇宙并非是一个中间形态。

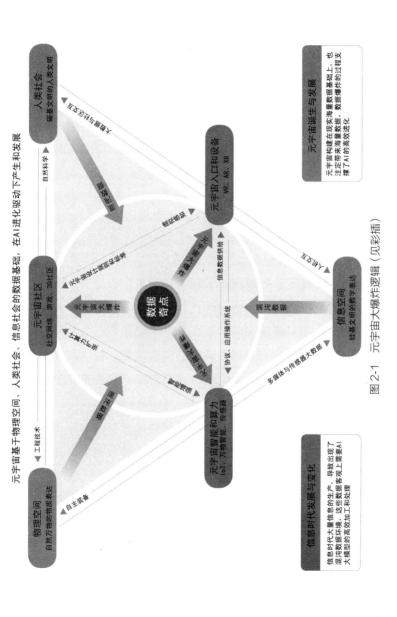

图 2-1　元宇宙大爆炸逻辑（见彩插）

所以，我们最终看到这样的终极逻辑关系，物理空间、人类社会和信息空间三者之间的两两创造和聚集数据，而这种聚集在指向越来越清楚的情况下，形成一个新的数据大爆炸的"数据奇点"是必然现象。最终，三者在元宇宙商业模式的推动下，通过元宇宙大爆炸创造元宇宙，这是一个底层逻辑推理的必然结果。这个逻辑闭环也验证了这一观点：元宇宙是三者关系发展的终极形态，同时也是一种本身就具备无限进化特征的稳定态；元宇宙是互联网发展的终极形态。

2.6.2　元宇宙数据膨胀模型

我们再从"数据奇点"的角度看元宇宙，如图 2-2 所示。

元宇宙数据膨胀原理图展现了"元宇宙大爆炸"带来的数据膨胀逻辑进程。在互联网时代，人和设备创造了大量零散数据信息和被公司高度垄断的数据，处于海量数据混沌状态；海量数据的聚集也指向了更加清晰的价值主张。互联网数据高度聚集形成"数据奇点"之后，在元宇宙商业模式推动下形成了新的数据大爆炸、数据膨胀形态。只有具有清晰"价值主张"属性的"数据奇点"大爆炸才可能创造出真正的元宇宙，这也必然让元宇宙带着价值主张基因，产生新的数据膨胀并带来多个行业的创新。

从这个逻辑推演过程我们可以看到，基于数据奇点效应，确实不可逆地再造了一个全新的时代，而元宇宙时代的终极景象也恰恰和互联网目前多个产业发展形成对应关系。

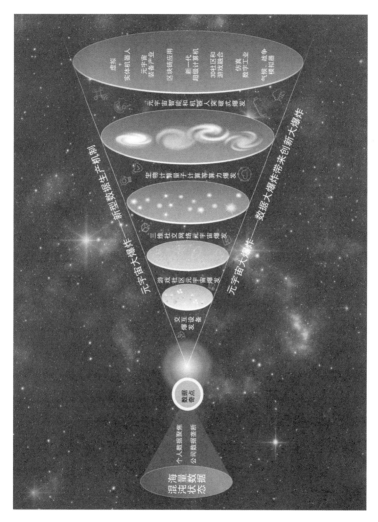

图 2-2 元宇宙数据膨胀原理（见彩插）

从数据生产的角度看互联网和元宇宙的关系。产业互联网本身在消费互联网之后，基于万物融合和万物智能创造新数据。产业互联网中多个无人参与的领域所创造的数据量甚至远远大于消费互联网的信息总量。产业互联网推动了"数据"价值对"信息"价值的超越，更符合 AI 对数据处理的天然能力特点。从技术角度阐述，AI 进化到"大模型"阶段，能够不加挑选地处理更多维度的数据，自身能力也将得到增强，这和"小模型"阶段只处理简单、纯净数据相比有了很大进步。

AI 大模型阶段带来了"超级智能"，让智能机器人生命体在元宇宙中存在成为可能。某种程度上说，元宇宙是人的社区，也是机器人的社区，这也验证了元宇宙是互联网终极形态的判断。

2.6.3　元宇宙进化论模型

再从元宇宙进化趋势分析元宇宙，如图 2-3 所示。

此图展示了元宇宙发展的本质驱动力是对更高质量数据膨胀机制的追求。**深度学习需要更多数据训练，深度认知需要更多数据生产，更高级的集体学习创造更多数据。元宇宙的彻底数字化，恰恰满足了 AI 进化的数据需求。**而算力、信息、数据和 AI 作为元宇宙进化四大驱动要素，其发展逻辑存在相互作用和依存的关系，信息时代驱动信息发展和持续扩张，而数据发展则会阶段性形成数据奇点。数据奇点是 AI 爆炸式发展的基础，元宇宙大爆炸引发新的数据膨胀。这个模型深度解释了元宇宙和数据之间的关系。

我们可从这个模型得出以下几个结论。

- AI 在不同阶段对消费互联网、产业互联网、元宇宙的数据需求不同。元宇宙是创造更多数据的新型机制，也就是说元宇宙的出现与互联网的进化需求一致。

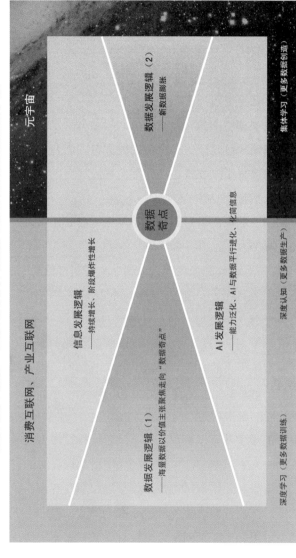

图 2-3　元宇宙进化论：元宇宙是互联网必然进行方向（见彩插）

数据是原始状态，数据处理中人参与创造信息。数据会出现聚焦和再膨胀现象。信息发展到峰值之后被更多产业互联网的数据占据。深度学习需要更多数据训练、深度认知需要更多数据生产，更高级的集体学习创造更多数据

- 海量数据存在以价值主张聚焦走向"数据奇点"的趋势，之后数据奇点爆发成为新的数据生态，形成新数据膨胀的需求。
- AI会一直在万物智能的轨道上发展，依托于数据的阶段性聚集和膨胀并没有尽头。

虽然这个模型相对抽象，但从理解"元宇宙是互联网终极形态"上看，逻辑闭环已经产生，这个发展逻辑应该会长期保持下去，而且元宇宙带来了人和机器人共存的终极环境，也有力地论证了元宇宙就是互联网的终极形态。

当我们回顾互联网的发展历程，不禁感慨形成元宇宙的逻辑闭环确实很有冲击力，也很符合逻辑。

2000年左右，.com的域名就可以让一家公司市值瞬间翻倍，现在回想起来确实疯狂；e国、e唐等国内互联网公司推出了一瓶可乐就可以送货的服务时，我们还嘲笑这种公司早晚要倒闭，但后来京东继承了它们的梦想，最终把这些都实现了；亚马逊的股价在互联网泡沫破灭的时候最多跌了近90%，但后面就踏上了几百倍市值增长的征程。在大逻辑确立的前提下，我们确实不能用困难、挑战和问题来回避终极判断。

任何理念的爆发和落地都需要一个过程。往往爆发的时候越猛烈，落地的时候就越坚实。还记得区块链概念爆发时的讨论情景吗？那时的情景和元宇宙讨论情景很接近，朋友圈都在转发区块链科普文章，区块链概念相关的股票都会暴涨，举国上下都在学习区块链。但坦率讲，直到今天也没有看到一家超大型科技公司是靠区块链技术起步的。不过有意思的是，这次元宇宙话题讨论中区块链的理论又有了升级，大趋势确实也需要时间孵化落地。

最终，我们对元宇宙的判断依然需要一点热情。产业落地过程中难免出现这样那样的摇摆，甚至颠覆，但凭借强大的创新热情我们往往最终会发现一个超越常规的新大陆。就像智能电动车曾面临的冰火两重天的舆论压力一样，所有创新行业都将迎来舆论挑战，没有热情是不行的。

元宇宙符合"数据"和"需求"的根本逻辑，拥有"无限特征"，是人和万物在"虚拟＋现实"世界的融合发展，是科技文明进化的结果，是人机共存的载体。元宇宙时代，消费互联网作为信息时代人和机器人的互动方式，同样在手机等消费电子设备中长期存在；产业互联网将成为其最重要的支撑，"虚拟＋现实"是人类社会长期发展趋势。那么，元宇宙则必然作为互联网终极形态出现，并长期不断进化，且不会发展为纯粹的虚拟世界。

第 3 章 CHAPTER 3

实践：元宇宙如何让超级巨头重获新生

扫描二维码，
收看章节导读视频

核心观点摘要

■ **Meta 品牌即 Meta 战略**

Meta 品牌的发布标志着扎克伯格的元宇宙布局阶段性完成。从延续 Meta 愿景的元宇宙"公共空间"，到 VR 和 AR 的多场景应用，再到 Horizon 的底层开源承载，以及 Diem（Libra 前身）的经济系统布局，扎克伯格的元宇宙雄心逐渐浮出水面。Meta 不仅是品牌表达，更是面向未来的战略发布。

■ **突破互联网范式**

元宇宙正在突破互联网的传统范式，而范式是团队承诺的集合。元宇宙开启的时刻确实有着诸多互联网巨头齐头并进突破的景象，这种现象也恰恰说明了元宇宙作为互联网终极形态的新范式正式成立。

■ **共识性趋势**

元宇宙创新客观上已经成为全球科技巨头的必答题，也成为一个共识性趋势。这个趋势应该已经不是模式创新阶段。元宇宙时代的用户体验已经清晰可见，没有任何一家巨头有勇气去赌这个趋势仅仅是眼前看到的小众人群的需求。

■ **元宇宙完整形态一致性**

最终，无论 Meta、苹果、腾讯还是百度，我们认为其构成的元宇宙完整形态应该不会有太大差别，因为所有元宇宙相关技术都是通用技术，而且围绕元宇宙体验的一致性原理，巨头间大尺度差异化的空间很小。

■ **美国科技巨头与元宇宙**

客观讲，目前美国的 Meta、微软、高通、英伟达、Roblox、谷歌、苹果等公司在元宇宙的底层技术和创新应用方面处于领先地位，而且有掀起新一轮技术革命的趋势。在这方面美国监管比较宽，包括对区块链的虚拟货币应用，导致元宇宙产业发展的未来 10 ～ 20 年美国公司领跑的可能性很大。

▉ BATT 与元宇宙

中国互联网中最有能力构建元宇宙的公司应该还是 BATT（百度、阿里、腾讯和字节跳动），因为元宇宙需要复杂系统能力支撑，并且需要长期研发投入，很难用创业的方式形成超大型科技生态系统。

▉ 元宇宙用户体验重构传统业务

我们有理由相信，BATT 之中谁先推出元宇宙应用，谁就有了用元宇宙重构搜索、电商和游戏用户体验的商机。同样，传统竞争格局中偏弱势的公司如果能够率先形成元宇宙战略布局，则再造业务和创新技术引领的可能性将大大提高。

▉ KMD 与元宇宙

KMD（快手、美团、滴滴）这三家公司进入元宇宙创新是大概率事件。一个深刻的背景就是这三家公司从独角兽的商业逻辑切入，以产业科技生态型公司必须有的大格局战略理念为牵引，超越传统互联网进入科技公司的行列。字节跳动由于媒体属性的特点，其元宇宙雄心也自然大于这三者。

从 Meta、谷歌、苹果、百度、腾讯、英伟达、高通等公司的实践看，元宇宙确实早已经超越概念层面，是一个经过长期技术沉淀和应用准备的科技战略。其实，这也是一个长期低调践行的产业思维，眼前引爆的动能大或许就是低调和缠磨的时间较长所致。笔者认为，元宇宙大逻辑很像宇宙大爆炸不断膨胀进化的过程，不同时间节点会出现不同形态的创新。从国内外产业巨头的前沿实践看，无论 VR、AR、MR 还是 XR，无论游戏还是社交应用，不同公司已经选择不同的入口开始饱和研发，画饼和争论概念注定会错过时机。元宇宙产业的宏大构建特性决定了未来大概率还是由几家超级巨头主导，而元宇宙作为宏大趋势也是未来超大型科技公司的必然战略选择。但由于每个元宇宙都具备极强的用户承载力，加之形成数据奇点并不容易，所以最终从"元宇宙商业模式"到"元宇宙"进化成功的可能是极少数。

3.1　扎克伯格是元宇宙的信仰者

当扎克伯格发布 Facebook 改名 Meta 的新闻之后，和若干年前对前沿科技创新的欢呼雀跃不同，各路批评此起彼伏。

有人开玩笑说 Meta 的标志高仿了腾讯视频号，也有人说这个词的中文谐音不吉利，等等。应该说 Facebook 从 2004 年 2 月成立那天起一直头顶光环，因为其开创的社交网络让全世界实现了跨越国家的高效连接。当这种连接和全球化的大潮交叠在一起，或者说作为全球化大潮的重要组成部分时，国家的格局就发生了深刻的改变。另一方面，社交网络深刻改变了社会结构，全球深度连接一方面让精英们跨越地理限制形成了创新科技联盟，另一方面也加剧了世界性的发展不平衡。

但不可否认的一点是：人类对于便捷社交化的追求不可逆转。据统计，目前 Meta、Instagram、Messenger 和 WhatsApp 的用户接近 30 亿，几乎是地球人口的一半，如果加上中国微信的 10 多亿用户，就接近了地球人口的三分之二。就像前文论述元宇宙和城市化的关系一样，城市化本身是人类生产力发展的动力，也是结果。信息时代就是在城市化推动的科技创新基础上达成的，这个过程在进一步深化。当人类的科技生产力可以供养更多个体从事纯粹脑力劳动时，更多的人口从现实世界进入虚拟世界开启更高效的创造应该也是大势所趋。

换一个角度看，Facebook 到 Meta 的转变引起如此激烈的争论，很像是对"虚拟＋现实"长期矛盾的第一波集体摊牌。虚拟世界的大发展前夜像互联网诞生之初一样，当时也有很多人认为互联网对现有世界的秩序是一种破坏，人们在没有应用一个新生事物的时候往往会低估其价值，而高估传统生活方式保留的意义。不过，这个趋势必然会进一步解放人们对现实世界物质的占有，利空房地产等诸多行业，对传统的颠覆式改变不可避免。回到 Meta 本身来看，无论我们有何意见，都无法忽视这家前沿科技公司的巨大战略决心。

如果我们追溯扎克伯格的多次发言，其观点其实也是在不断进化的，甚至可以说在极短的时间之内就完成了进化。2021 年 6 月底，当他向员工介绍这项雄心勃勃的新计划的时候，他还是很谨慎地提出公司计划构建一组互联社交应用程序和一些支持它们的硬件的项目。那个时候，他提出：Facebook 将要建立一个科幻小说中那种最大化的、相互关联的体验集合——一个被称为元宇宙的虚拟世界。

后面，他的计划更加具体，扎克伯格在采访中表示："目前 Facebook 所做的一切都建立在其他人创造的平台上（指计算机和互联网）。但现在，我觉得是时候投资去构建我认为是下一个主流的计算平台，也就是 VR/AR。这一技术改变的不仅是你的社交方式、生活方式，甚至能够对社会产生深远的影响，可能会改变人类和这个星球。"听起来，扎克伯格的 Meta 元宇宙构想不仅是发展社交网络，更是通过 VR/AR 等新技术发展下一代 3D 化社交系统。

在扎克伯格正式宣布 Meta 新品牌战略的时候，他的表达更加具体和清晰。2021 年 10 月 28 日，他亲自发布了 Meta 品牌，并解释说："我们的使命不变，就是让人们更好地连接；我们依旧是一家围绕人来开发技术的公司，我们现在又有了一个开始，把元宇宙变成现实。"在公开信里他写道："我们希望在未来 10 年，将元宇宙发展为覆盖 10 亿人、承载数千亿美元的数字商务，并为数百万创造者和开发者提供就业机会。"他预测元宇宙将在未来 5 ～ 10 年成为主流，同时也表示新的元宇宙社区支持加密和 NFT 项目，也就是新的经济系统和治理形式。

从最开始提出这个建立虚拟世界的愿景，到后面对其商业模型"虚拟 + 现实"和软硬件结合的表达，再到最后启动全新战略并且发布内部经济系统逻辑，扎克伯格的态度越来越坚决。下面我们从愿景、设备入口和经济系统三个方面分析 Meta 的元宇宙战略。

3.1.1　"公共空间"是愿景也是商业帝国野心

升级社交网络为 3D 公共空间，这个目标延续了扎克伯格创业之初的梦想——建立一个更加立体的科技王国。本质上，元宇宙用户体验的升级也是为了更好地维护用户对社交网络的黏性。

扎克伯格表示："我当然认为元宇宙中应该有公共空间，这对拥有健康的社区和健康的行业至关重要。这些空间的范围包括从政府到非营利性组织建造或管理的东西。从技术上说，它们应该是私有的，但它们的运营符合公共利益，没有盈利目标。所以你可以想想像维基百科这样的东西，我认为它真的像是一种公共产品，尽管它是由非营利性组织运营的，而不是由政府运营的。"

从他的角度看，当下的美国社会已经开始从以政府主导基础设施建设，发展到由大型公司投资进行基础设施建设。 而对于元宇宙这样的新技术趋势，虽然政府的能力占其中一部分，但可以预见的是创业公司、开源社区和创造者也必将成为主要贡献者。他认为在元宇宙里某个空间（或者元宇宙本身），就应该朝着利好全人类的方向发展。在这个愿景里，他首先希望公众关注"公共利益"。

每个人都希望自身价值得到尊重和体现，就需要一个公共空间有秩序地对互动给予保障。"公共空间"形式上有很多种，也在不断演进，实际上最早的互联网 BBS 就是一种公共空间，后面 Meta 代表的社区也是公共空间。从扎克伯格的表态中很容易理解，他一直在捍卫公共空间的私有属性，以及支持其受到更高级别的法律保护。目前，虚拟世界的治理基本是由科技公司主导的，国家法规有一定滞后性。

"公共空间"这个超越了现实世界的社区概念，是一种城市化思维。而"公共空间"背后的商业实用主义因素应该还是构建在元宇宙生态之上。据悉 Meta 已经邀请很多顶级游戏公司和 Zoom 这样的技术提供商在 Oculus 眼镜上推出自身应用，这意味着 Meta 考虑在用户层面建立公共空间的同时，在合作伙伴层面建立"开放生态平台"，也在鼓励大学等团体用 Oculus 讲授课程，目前斯坦福大学已经开始使用 Quest 2 进行授课，最终目标就是让 Oculus 成为无可争议的元宇宙第一入口。

在愿景展示环节，扎克伯格没有过多渲染元宇宙的巨大魅力，而是从贴近用户的角度做了其公益价值的陈述，值得中国元宇宙公司借鉴。

3.1.2　VR 作为新入口仅仅是开始

而从实际的投入方向上看，VR/AR 是 Meta 的投入重点，而且 Oculus 的预期销量可观。

回顾 Facebook 的元宇宙发展，不得不从涉足 VR 领域谈起，2014 年公司就斥资 20 亿美元收购 Oculus。 彼时的 Oculus 是硅谷的明星级虚拟现实公司，公司的目标是生产普通消费者也能负担得起的虚拟现实设备，主要应用于游戏领域。其首款原型机 DK1 在 2012 年首次登录 Kickstarter 进行众筹，并在此之后连续两年获得 "E3 游戏评论家" 大奖提名，还在 2013 年获得了 "最出色硬件" 奖。

从 2014 年收购 VR 明星公司 Oculus 开始，扎克伯格对虚拟现实的痴迷显而易见，他认为下一代计算平台是 VR/AR。为此，Facebook 还打造了一个 VR 社交平台 Horizon。在 Facebook 看来，Horizon 提供给玩家沉浸式的 VR 世界和在线社交服务功能，能改变目前在线社交中仅通过文字、图片、语音互动的局限，还能解决过去 VR 应用只能单人单机的问题，消除玩家的孤独感。从 2014 年到 2020 年相当长的时间内，VR/AR 的技术不断取得突破，却一直停留在比较小众的边缘创新消费电子范畴。2019

年华为也推出了 VR 眼镜，2021 年 OPPO 推出的 AR 眼镜极具科技感，HTC 更是在 2015 年就把 VR 作为核心战略方向，但确实 Oculus 在 2021 年 1000 万台的出货量形成了历史性的爆发和转折点。

这个爆发和扎克伯格长期努力是分不开的。2020 年 9 月 Oculus Quest 2 VR 一体机发布。这款被 Facebook 号称为其旗下最强大、最沉浸的独立 VR 头显，以卓越的用户体验和 299 美元的低廉价格迅速火爆全球。

2021 年 8 月，Facebook 又正式推出了用于远程工作的 VR 设备，让 VR 进入商务领域。每个人都能用自己的虚拟形象，和同事坐在虚拟桌前一起开会。Facebook 在逐渐拓展 VR 的应用场景，尝试把工作和生活都放在元宇宙的范畴中来，试图打造一个由真实和虚拟联合构成的空间，将人的动作和陈设投影到虚拟的空间中，让其他人在元宇宙中感觉到你在真实世界的表情和动作，亦真亦幻。

以上两款产品的成功也给了 Facebook 信心。2021 年 9 月，Facebook 又发布了与雷朋眼镜制造商 Essilor Luxottica 合作的首款智能眼镜雷朋 Stories，朝着提供真正增强现实（AR）眼镜的目标迈进了一大步。这款眼镜能让佩戴者通过配套应用听音乐、打电话或拍摄照片和短视频，并将其分享到 Facebook 旗下的各个平台上。其联合品牌的逻辑不免让我们想起华为在 P9 手机开启的和徕卡的合作。雷朋 Stories 代表了扎克伯格的智能眼镜雄心——希望削弱智能手机在我们生活中的核心地位。同时也可以看出，他在 VR 和 AR 市场都有布局。

面对消费电子行业的激烈竞争，扎克伯格的注意力开始转向智能手机的不足之处，特别是它们作为与他人互动的工具时尤其显得笨拙，可以肯定的是他的最终目的是颠覆手机。他曾解释："一方面，智能手机提供了如此多的价值，所以你不会不使用它们。但我认为，我们基本上是从口袋里掏出这个东西，然后让自己沉浸在里面一段时间，但这不是我们所有人都想要的互动方式。"客观上看，智能手机作为端智能计算中心的地位，这些年确实有被削弱的趋势。下一代操作系统基于语言、体感和脑机接口等技术重构也是大势所趋。

特别是体感技术，在 Meta 元宇宙创新中起到关键作用。Meta 在 2021 年下半年已经发布一款触觉手套。这个手套会把游戏里或者虚拟世界里的一些手上动作捕捉到。

设备销量的上升让扎克伯格的信心更加坚定。Meta 计划在爱尔兰招聘 1 万人投入 AR/VR 业务，准备以公司生产的 Quest VR 为起点开始打造"元宇宙"。

从 Meta 在 VR/AR 方面的布局节奏来看，公司对战略的重视程度确实在不断加强。如果按照这个趋势发展下去，不排除 Meta 品牌将带领公司走向和苹果一样的消费电子公司路线，只不过这家公司不仅有消费电子的超级应用平台，还有自身创造的 3D 沉浸式社区，更具有颠覆智能手机作为端智能计算中心地位的意味。

3.1.3　Meta 将推动更彻底的开源、开放

以上两点只是最终目的的愿景铺垫和设备入口铺垫，笔者认为，元宇宙对于 Meta 最核心的价值还是打造一个更加彻底的

"虚拟 + 现实"开源、开放系统。

这个系统以 Horizon 开放开源平台为技术依托，旨在实现 Horizon Home 和 VR 的连接。**Horizon 才是真正承载扎克伯格元宇宙雄心的真实载体，因为这个平台就是为了解决技术和虚拟世界创造的问题的，而不仅仅是 VR/AR 的显示和交互问题，是更底层的基础设施。**扎克伯格也提到：Horizon 是我们致力于 AI 开放开发的一部分，是 Facebook 的内部平台；我们现在正在开放源代码，它使用的工具我们已经提供给社区，包括 PyTorch 1.0 和 Caffe 2。

这个平台从 2019 年上线以来迭代速度惊人，其中包括 Facebook 开源一个 Horizon 的端到端应用强化学习（RL）平台，促使其从研究论文的实用工具过渡到生产环境必需品，并在内部首先推广开来。"从社会机会角度来看，其就是让每个人都可以参与。这是我们用来计划元宇宙工作的选择，不仅仅包括我们正在打造的产品，还包括生态。也就是说，创造机会，让与我们合作的创作者、开发者，不仅能维持自己的生计，还能创造更多的岗位。"

扎克伯格始终相信，未来会有数百万人参与虚拟世界并创造内容，无论体验、空间、虚拟商品、虚拟服装，还是帮助策划、介绍人们进入空间并确保其安全的工作，这将是一个巨大的经济体。而这个目标实现需要一股助推力，让机会浮现。所以不能仅仅专注在制造好的产品来。Horizon 正是扎克伯格着眼这种经济体系新模式的"培养皿"式的存在。

扎克伯格关于经济体系的理解中，实际上包括了虚拟产品交换和智能交换两个维度。Horizon 某种程度上用来促进智力资产

交换，也是一种开源开发系统，这两点都是本着开源、开放的大
原则。

3.1.4　Meta 致力于构建强大的全球性经济系统

扎克伯格理解的这个"经济体系"也是从企业的智能分享起
步的，但有一个很清晰的逻辑：既然企业内部有智力协同的价值，
全社会、全世界当然也有同样的需求。客观讲，在最近 10 年的
数字化发展中，各行各业都有了长足的进步，制造业生产力全球
范围内高度发达，高科技公司越来越专业化，这也就为纯智力的
跨行业协同创造提供了基础。估计现在 50% 以上的工作属于智
力资产，那么，这个经济体系建立在智力资产之上恰逢其时。

该经济系统的虚拟货币 Diem 也备受外界关注。虚拟经济体
系的 Libra 或许由于监管严格没有得到大众认可，但改名叫 Diem
之后，局面就不太一样了。Meta 发行稳定币在很大程度上是为
了搭建属于自己的支付服务体系。从官方公布的信息看，Meta
的稳定币主要用于跨境转账、支付和自己的广告系统。

目前，Meta 的营业收入主要来自广告，发行稳定币有利于
增加其他收入来源，摆脱对广告收入的依赖，当然也利于 Meta
旗下各业务线板块之间以及 Meta 与其生态合作企业之间的打通，
提高企业间资金融通效率，打造自己的金融支付生态。以上一切
都是 Meta 打造虚拟货币及区块链结合全新经济体的战略布局。
对于美联储来说，这是一个可怕但是也可预期并且无法回避的挑
战。如果 Meta 这样的巨头拥有铸币权，美联储必将是最大受害
者，要比马斯克挺比特币还要严重，如美联储的美元本位可能被

替代，世界金融秩序将被重新改写。不过，从美国一贯的终极思维方式来看，其最关注的还是创新是否由美国人掌握和控制，这或许也是美国监管对虚拟经济相对宽松的根本原因。如果美国对虚拟货币形成全新的完全控制，其对全球经济系统的颠覆也并非没有可能。

但有意思的是，如果 Meta 通过元宇宙确实构建了一个全新的虚拟世界，铸币权可能是水到渠成的，这无疑会给运行传统金融系统的国家带来颠覆性的挑战。

总体来看，Meta 在元宇宙的布局绝对不是虚张声势，而是蓄势待发的巨大创新。无论各方有何批评，我们必须正视它的存在和发展。

3.2 谷歌关注元宇宙底层技术积累

相对于 Meta 的高调，谷歌从战略动态上看起来并没有展示那么大的雄心，也没有直接发布过元宇宙相关计划。不过，从这家世界领先创新公司在 AR 眼镜、智能手机、AI 新架构以及无人驾驶等多个领域的前沿创新来看，其战略指向于未来元宇宙的趋势也非常清晰。但我们确实不需要为了证明元宇宙而武断地把现在的谷歌列为元宇宙商业模式的样板代表。本节力求通过介绍谷歌的元宇宙相关投入呈现元宇宙趋势的创新坐标。

我们先来看谷歌 2021 年 10 月的 Q3 财报，里面显示了这家公司多个业务最新进展。总体从营业利润表现来看，谷歌服务依旧强劲，利润达 239.7 亿美元，同比增长 65.9%；从分部门营收来看，包括无人驾驶、谷歌眼镜、谷歌气球等新兴业务的利润为 1.82 亿美元，同比上涨仅 2.2%。不过，如果依据这份报告就认为谷歌的创新业务并没有太大进展、创新乏力，那注定是一个重大的误判。

实际上，谷歌非常专注地围绕 AI 生态做战略布局，而且最近在自身品牌智能手机终端上的兴趣明显增加，业务的发展向智能时代的底层基础设施架构延展。像当初微软判断云计算的趋势进而聚焦云服务一样，谷歌聚焦 AI 并已经进入成熟的收获期。AI 注定是元宇宙背后的根本技术支撑。从这个角度看，我们可以判断谷歌并非否定元宇宙的趋势。

3.2.1　谷歌强化 AI 大模型底层能力

谷歌对手机的大手笔投入是在华为手机业务受到挑战之后开始的，这之后苹果的 iOS 系统逐渐拉开了和 Android 系统的差距。谷歌或许意识到自己需要亲自下场示范了。

谷歌旗下手机品牌 Pixel 的新型号 Pixel 6 在 2021 年下半年重磅发布。Pixel 6 系列作为谷歌 Tensor 芯片的首秀机型，在发售前就备受消费者和其他厂商的关注。而在发售后，Pixel 6 系列也确实证明了 Tensor 芯片的优秀，称得上是一次不错的初登场。

Tensor 芯片作为谷歌的第一款自研 AI 芯片，采用了比高通骁龙 888 更为激进的两颗超大核的八核心方案，同时针对 AI 运算场景引入了专门的 TPU 模组，这使得 Tensor 芯片在性能得到保障的同时在 AI 运算上有着相当出色的表现。同时，Tensor 芯片也整合了此前 Pixel 系列的 Titan M 安全芯片，使得主板的集成度进一步提高。谷歌正在从半导体、更底层融入 AI 能力，这和华为海思之前走的路异曲同工。

不过，谷歌对手机 AI 的重新关注也包含着更大的战略思考，就是承载全新的 AI 能力。谷歌核心技术负责人 Jeff Dean 公开说过公司正在开发全新的 AI 技术架构。这位传奇工程师是美国工程院院士，创建了 Google Brain，开发了谷歌机器学习开源框架 TensorFlow，还是谷歌广告系统、谷歌搜索系统等的重要创始人之一，可以说是谷歌的技术奠基人。在机器学习技术还没有那么惊艳的 2001 年，谷歌的 20 号员工 Jeff Dean 就已经开始着手训练模型，对谷歌搜索的错误查询进行纠正。在后续的 20 年中，谷歌始终秉承 AI 优先理念，为业界贡献了无数经典模型。

Jeff Dean 将这个新的模型 Pathways 称为"下一代 AI 架构"——只训练一个模型，就可以处理数以万计的任务类型。这个模型的逻辑简单来说就是，学习的是人类思考模式。传统 AI 模型训练后只能完成一个任务，而 Pathways 训练一个模型可以处理成千上万个任务。我们在这里称之为"AI 大模型"技术。通常来说，每次处理一个新的问题时都需要训练一个新的 AI 模型，而这些数学模型的参数实际上是用随机的权重进行初始化，然后使用标注数据进行训练的。这种训练方式对于数据的纯净度要求很高，而大模型通过模型自身的能力进行优化，力求拥有计算和处理复杂数据的能力。

Pathways 被称为下一代 AI 架构并不为过，某种程度上和"元宇宙大爆炸"的逻辑高度一致。在早期 AI 通过特定数据在深度学习模型上训练成熟之后，通过产业互联网的"深度认知"训练进一步增强能力，那么 AI 的"智能冗余"必然产生对海量数据膨胀的需求。这也是元宇宙通过新型交互能创造出的新的 AI 进化环境。从这个角度来看，AI 大模型和元宇宙是两个进化维度相辅相成的关系，前者是能力层，后者是展现平台。

所以，从底层技术的角度看，谷歌通过 AI 大模型的创新布局下一个科技时代，也必将带动一个全新的 AI 趋势，这对于元宇宙后期沉淀的机器人形态注定是一个强有力的支撑。

3.2.2　谷歌围绕 AR/VR 和云游戏的元宇宙布局

回到具体的显性元宇宙入口视角，谷歌在 AR/VR 眼镜、云游戏等领域的布局同样是大手笔。

我们跟踪谷歌对于虚拟世界的投资发现，最大的投资是比 Meta 进入还要早的 AR 眼镜项目。2012 年，谷歌推出了令当时世人惊叹的谷歌眼镜。这是一款 AR 眼镜，实际上就是微型投影仪、摄像头、传感器、存储传输、操控设备的结合体。这显然和 2014 年 Meta 布局 VR 眼镜有所区别，也体现了两家公司的技术路线着眼点不同：Meta 看到的是一个全新的虚拟世界空间，而谷歌更在乎是否延续 Android 操作系统成为下一个时代的霸主。这个细节很有意思，但也说明了元宇宙理念确实是多个企业共同探索和共建的，不应该有一个过于教条的话语体系。

回顾此前的媒体报道，谷歌对于 VR 底层技术的研发一直在推进。在谷歌 I/O 2016 上，谷歌旗下的 YouTube 与 Facebook 的全景视频达成实时 360° 视频直播项目。360° 视频直播与 VR 直播是不同的，因为 VR 直播需要从不同的方向获取图像和音频，在获取的同时处理好再实时回传。这是谷歌和其合作伙伴需要处理的，也是目前最前沿的问题，并且它们也可能因此而树立一个实时 VR 直播的标准。它能让人相信自己正在出席一场远程会议，或者将坐在客厅里的观众传送到比赛现场观看直播。这其实就是元宇宙趋势投资。

不过，谷歌元宇宙布局最核心的方向还是云游戏。云游戏是指玩家不需要下载游戏应用，便能在设备上玩的一种方式。2019年3月20日凌晨，谷歌在旧金山游戏开发者大会（GDC）上公布了云游戏平台 Stadia，宣称只要是能解码视频的设备，都可以运行 Stadia，就像在 YouTube 上观看视频一样简单。作为游戏产业未来的方向，云游戏已经是目前最接近元宇宙概念的游戏形态，更是云游戏向元宇宙跃迁的重要基石。云游戏本质上和元宇宙游戏非常接近，在设备和 3D 视觉完成升级后即可达到，这或许也是腾讯、百度快速跟进云游戏的重要原因。

云游戏向元宇宙游戏进化是谷歌元宇宙布局非常核心的一个切入点，甚至某种程度上看是内容承载的核心逻辑。首先，传统的依靠设备自身性能进行运算渲染的效果肯定会大打折扣，上云几乎是唯一选项。其次，云游戏需要不断扩展的特性与元宇宙毫无二致。这两个因素使得具备了云端＋扩展特性的云游戏可以逐渐在体量上媲美元宇宙。而拥有了体量就意味着在元宇宙中能够容纳更丰富的玩法，保证在体验感上有足够吸引力。Epic Games 创始人 Tim Sweeney 曾说："元宇宙并非出自某个行业巨头，而是数百万人创作而成的。"因此，对于志在组建元宇宙的巨头们来说，一条清晰的路线就已经摆在眼前了：首先完善云游戏的内容和服务以吸引更多的玩家，在玩家足够多之后组建起完善的用户生态，最后发动用户参与内容创作并在 3D 视觉上向元宇宙进化，一步步为元宇宙添砖加瓦。

除此之外，谷歌地图也是元宇宙时代最重要的基础设施之一，谷歌的 Android 操作系统依然是目前全球最大的开放平台，这些都是谷歌未来元宇宙战略的既有优势。

尽管谷歌在元宇宙表现上并没有独领风骚，或者说没有大张旗鼓，但其是巨头中第一个通过谷歌眼镜真正追逐可穿戴计算机会的公司，并正在通过谷歌助手、FitBit 积极推进家庭数字化。由此可见，谷歌在元宇宙趋势中终究不会缺席，不确定性在于是否存在严重的路径依赖导致彻底转型元宇宙生态的决心不够，这值得进一步观察。

3.3　苹果元宇宙布局围绕消费电子展开

库克最近对元宇宙有一个点评："苹果认为的元宇宙就是AR。"

他也补充了几点看法："苹果对元宇宙显然有不同的说法，但我不会用那些流行语""现在 AI 已经遍布在那些你曾经完全想象不到的产品之中了""从识别用户面部和指纹的方式，到整理照片的方式，再到 Siri 的工作方式都是如此，人工智能无处不在""AR 是虚拟世界与现实世界的叠加。这种方式不会分散你对物理世界的注意力，而是加强彼此之间的关系和合作"。这些表态背后的潜台词值得回味，他肯定了元宇宙的趋势方向。但以扎克伯格为代表的互联网先锋派对元宇宙在社交角度的看法也不完全相同。作为全球消费电子领域的老大，苹果的布局自然更倾向于硬件视角，特别是 VR/AR 眼镜。

但全面来看，苹果在广义元宇宙方向的布局完全不止于此。围绕手机和其他设备，苹果未来同样是 Meta 之外最有可能构建系统性元宇宙超大型生态的科技公司。

谈到苹果和元宇宙的关系，我们做一个简单回顾。 2008 年 7 月，搭载 iOS 2.0.1 系统的 iPhone 3G 正式发售，史蒂夫·乔布斯当时声称"未来是应用程序的天下"，并向第三方开发商开放了 App Store。最初的 App Store 仅搭载有 500 款应用，交互逻辑颇为简陋。如今，App Store 上已经有超过 200 万个各式各样应用，是世界上最强大的软件生态系统。

App Store 就是苹果成功的最大秘诀。App Store 的发展让苹果完全超越了硬件公司的价值模型，成了科技历史上最大的产业帝国之一。 它让软件生态由桌面向移动端快速切换，开启了移动互联网时代，改变了人们的手机使用习惯，并让一种名为"应用经济"的商业模式得以崛起。有了这个生态，才有了后来的"苹果税"——从应用内购买的交易中抽取分成。

目前，为应对疫情带来的全球挑战，苹果公司宣布推出全新开发者计划，以加速创新，并帮助小型企业和独立开发者在 App Store 中上架新一代突破性 App，推进业务增长。从这个角度上看，如果元宇宙趋势吸引了开发者的目光，苹果不会坐以待毙，等待自己的生态系统被边缘化。所以，苹果进入元宇宙竞争，因为其利润稳定增长的关系，可能不会出现重磅的表态，特别是在苹果汽车项目加速的过程中，但外界的压力还是会对苹果元宇宙战略加速起到推动作用。

我们再来看看苹果已经做了哪些元宇宙相关布局。

3.3.1　苹果大概率是 Meta 最大对手

首先依然是 VR/AR 眼镜。彭博社报道，苹果计划在 2022 年发布首款穿戴式头显设备，这跟 Meta 的 Oculus Quest 很相似。不过，Oculus Quest 只是一款 VR 头显（苹果开发的是 VR 和 AR 一体的头显设备），据说分为两个方向：一个是高端产品，定位工业商用，内含镜头和激光传感器，质量为 100 ～ 110 克，采用 5nm 制程芯片，需要通过蓝牙连接至苹果手机；另一款是大众机型，目前设计尚未定案，可能会在 2023 年以后发布。这些都表明苹果对元宇宙入口设备的机会非常关注，但对冲击其手机业务的可能性也很谨慎。

这方面的布局实际上也是经过了长时间的酝酿。追溯到 2015 年，苹果披露了首份 VR/AR 相关专利。这份专利描述了一台用于观看沉浸式媒体内容的头戴显示器。同年，苹果收购了 AR 初创公司 Metaio。这家公司能在几分钟之内创建虚拟场景，苹果看中了 Metaio 精湛的 AR 技术。从 2015 年开始，苹果对 VR/AR 领域的布局全面启动，不断申请各种技术专利、开展并购活动。到了 2019 年年底，苹果内部专门做 VR/AR 项目的员工达到 1200 人，已经进入开发的第二阶段。这一阶段，VR/AR 产品里核心技术的研发迭代，大多是由苹果在 2017 年和 2018 年收购的三家公司（Vrvana、SensoMotoric Instruments 和 Akonia Holographics）负责。

2020 年 5 月，苹果还收购了 VR 直播创业公司 Next VR，后者估值约 1 亿美元，这是苹果首次在 VR 内容领域的并购事件；同年 8 月，有传闻苹果收购了 VR 创业公司 Spaces，这家公司曾开发 VR 线下体验及 VR 视频会议平台。

从苹果的角度看，手机升级、IoT 产品升级和应用内生态软件升级显然已经不能满足面向下一个时代的创新需求，因为这些都是手机相关生态的一部分。而 VR 和 AR 重构的生态系统不仅脱离了传统的屏幕，对内容有了新需求，而且可以结合手机这个计算终端形成更强大的生态效应。这些都让苹果在元宇宙产业时代有了更清晰的创新突破方向。人机界面的改变对于手机确实是颠覆性的，对于苹果积累的计算力、人工智能、内容基础和用户积累来说，也是一个自然的延续和发展。

苹果围绕 AR 布局元宇宙的重要开发在 WWDC 2021 的主题演讲中也有清晰的阐述。苹果正在相关产品中定义几个核心的元宇宙用户体验，包括以下几点。

第一，体感及语音交互

在 AR 中，用肢体操纵东西的能力非常重要，而对于更复杂的任务通常用语音交互。"快捷方式"的设计理念是解决这个问题的黏合剂——跨应用程序的交互和连接使你可以通过其他输入机制来将复杂的指令组合到一起。

第二，AR 地图布局

更具体地说是支撑地图的数据——元宇宙的能量之源。没有它，就无法支撑任何其他体验。理解你在星球上的什么地方，可以让你快速定位周围的其他体验。这对于 AR 应用来讲是一个核心的应用支持。

第三，虚拟现实搜索

苹果研发的新型"查找"（Find My）功能考虑的是加强物理世界的映射来实现增强。实际上，这是平台底层的一部分，是连接物理世界和元宇宙的关键桥梁。

第四，元宇宙 UI 操作系统

苹果的 SwiftUI 也越来越强大，并且成本远低于 3D 沉浸式体验，使用户无须增加额外成本即可得到 2D（2.5D）体验。

第五，RealityKit

RealityKit 被称为 SwiftUI 的沉浸式兄弟篇，是一个完整的 3D 引擎，用来构建丰富的动态体验。这是一个为 AR 提供真正沉浸式体验的桌面平台。

以上技术细节都说明苹果非常关注元宇宙，而且认定了这个趋势，但是并不太热衷引领颠覆自己的元宇宙浪潮，处于布局和观望阶段。

另有信息透露：苹果将于 2022 年第四季度推出 AR 头显。 该头显将搭载性能媲美 M1 的"桌面级"芯片和索尼 4K MircoOLED 显示屏，目标是在 10 年内取代 iPhone，预计出货超过 10 亿部。苹果 AR 头显需要进行 6 ～ 8 个镜头的实时光学处理，算力需求远高于 iPhone，因此要用到 Mac 级处理器。值得一提的是，这款 AR 头显将摆脱手机、电脑，独立运作，支持各类应用，不再是"大号游戏机"，并且可以同时支持 AR 和 VR 功能。

这说明苹果也在紧锣密鼓地为元宇宙设备构建独立的生态系统，而且这个新的生态的战略定位是下一代手机，甚至有着比肩手机销售的战略考量。

3.3.2　手机厂商不会缺席元宇宙

但最终，从苹果对元宇宙的布局来看，其本质上和 Meta、谷歌的理解没有太大区别，都是考虑到下一代交互方式变革对于简单连接的超越。区别在于，苹果作为手机等消费电子巨头，从目前的手机功能扩展注定是一个务实之选。

我们再从元宇宙的角度看消费电子行业的发展趋势。总体上看，苹果、三星、OPPO、vivo、荣耀、华为、小米等公司进入元宇宙设备是没有任何悬念的，甚至这几家公司在两三年前已发布了相关产品，只不过还没有 Meta 的 Oculus Quest 那样强劲的市场表现。这可能和这几家公司的科技领导力弱于 Meta 有关。而当趋势确定，并且需求端出现放量的爆发之后，所有消费电子大厂必定会切入这个行业。

从必要性来看，至少有 4 点是消费电子厂商不可回避的。

第一，VR/AR 设备的新显示交互必然极大地减少用户在手机屏幕上留存的时间。这个趋势一旦明确，对手机行业将是最大利空。即使手机还会存在，注定会销量萎缩，且生态的影响力弱化。

第二，一旦 VR/AR 或某种 XR 设备具备了手机作为计算中心的能力，叠加手机的屏幕显示被新的 3D 用户体验替代的可能性，手机可能会被更彻底地边缘化。

第三，手机行业目前的战略路径是向多屏扩展，包括电脑、电视、手表等屏幕的延伸，而这些所有屏幕展现 3D 体验的效果并不是沉浸式，所以屏幕的多屏发展是手机厂商跟进元宇宙的瓶颈。

第四，手机行业目前主要盈利模式都是内生态的软件盈利，手机本身毛利减少，这就有着扩展新设备的动力。而且如果未来应用开发者导向元宇宙开发，跟随 Meta Horizon 这样的平台，不仅流失开发者，追求新交互显示体验的社区用户也会流失，这更是釜底抽薪。

以上 4 点挑战，最终必然推动消费电子厂商在维持现有业务形态的基础上，快速向元宇宙形态靠拢。

对此，OPPO AR 产品总监王玮认为："AR 分体机或成为未来发展方向。AR 是连接物理世界与数字世界的新型交互方式……因为 AR 拥有 AR 驱动、三维信息与三维场景交互两大特点。"他发现手机的应用场景逐步向 AR 化迁移，手机也正在成为 AR 内容生态的孵化平台、AR 眼镜的能力中心。因此，他给出建议：基于手机的 AR 分体机设计可能是当下不错的发展选择。王玮认为，厂商如果想要打造优秀的感知能力与交互能力决定体验的优势，不但需要重视感知能力、交互技术，还需要考虑场景的重合度。"只有三者平衡，才能打造优秀的 AR 体验。"

我们不妨大胆预言：2022 年，手机厂商应该还是会更加决绝地跟随 VR、AR、MR 和 XR 趋势，放大在元宇宙方向的投资。从华为和 OPPO 已经发布的 VR 和 AR 产品可以看出它们对这个领域的良好预期。这在我们的划分里依然属于元宇宙商业模式的早期入口。有稳定收入的公司往往保守，但获利丰厚之后的转型决心往往更大、更决绝。

3.4 腾讯关注元宇宙颠覆社交和游戏的可能性

腾讯对于元宇宙的接受程度实际上更彻底，超越具体概念层面。由于本身的社交和游戏基因使然，腾讯更坚定元宇宙这个大的发展趋势。

3.4.1 全真互联网与元宇宙

2020 年年底，腾讯 CEO 马化腾在公司年刊《三观》中提出了"全真互联网"的概念。其本质上与元宇宙的提法无异，被看作带动移动互联网十年发展的下一波升级。马化腾表示，从实时通信到音视频等一系列基础技术已经准备好，计算能力的快速提升，推动信息接触、人机交互的模式发生更丰富的变化。这是一个从量变到质变的过程，它意味着线上和线下一体化，实体和电子方式的融合。

他认为：虚拟世界和真实世界的大门已经打开，无论从虚到实还是由实入虚，都在致力于帮助用户实现更真实的体验；从消费互联网到产业互联网，应用场景也已打开；通信、社交在视频化，视频会议、直播崛起，游戏也在云化；随着 VR 等新技术、新的硬件和软件在各种不同场景的推动，相信又一场大洗牌即将开始；就像移动互联网转型一样，上不了船的人将逐渐落伍。

通过以上表态可以看出，无论从整体概念还是具体细节上看，马化腾提出的"全真互联网"都与"元宇宙"概念并无差异。而且马化腾在逻辑推理中默认了"元宇宙是互联网终极形态"的大逻辑。

3.4.2　大手笔投资先导

那么，腾讯在元宇宙的布局中有哪些具体的行动呢？我们做一个简单的梳理。

第一笔重要投资是在 2012 年，腾讯以 3.3 亿美元收购了现在火热的虚幻引擎开发商 Epic Games 48.4% 的股份，目的是切入游戏产业底层核心技术，以弥补自己在游戏底层开发方面的不足。此外，腾讯投资了虚拟音乐会运营商 Wave（原名为 The Wave VR），并成为 AR 领域领头羊 Snap 的最大股东。此外，表情包制作工具 Bitmoji、摄像头 Kit、社交软件 Discord 等背后，亦有腾讯的身影。从 2012 年开始，将游戏作为主业的腾讯实际上就已经开始探索下一代游戏的技术方向。2021 年，Epic Games 宣布获得 10 亿美金融资，主要用于开发元宇宙。这笔融资创下了元宇宙赛道最高融资纪录，估值达到 287 亿美元。显然，腾讯早期的布局已经进入收获期。

第二个重要的投资是对于元宇宙第一股 Roblox 的投资。2019 年，Roblox 宣布与腾讯建立战略合作关系，据悉双方还会联合建立一家合资公司，向人们传授编码基础、游戏设计、数字公民和创业技能。

Epic Games 和 Roblox 这两家代表元宇宙方向的游戏类公司都被腾讯收入囊中。毫无疑问，腾讯已经成为国内元宇宙领域的代表性大厂。腾讯自身的动作也不少。2021 年 2 月，腾讯天美工作室 3A 主机游戏大作招募人才。这款代号为"绿洲"的游戏对标的是电影《头号玩家》中绿洲（Oasis）式的虚拟社区。腾讯还投资了其原副总裁、AI 研究院院长姚星离职后创立的公司"元象唯思"。从元象唯思的经营范围来看，其将在 VR/AR 硬件、内容制作、影视制作等方面发力，显然也瞄准全真互联网领域。

我们重新来审视一下腾讯出手 Roblox 和 Epic Games 的背后逻辑。这两家游戏公司确实和其他游戏厂商有很大不同——都拥有全新元宇宙的应用体验，并且鼓励内容开发者构建自身内容社区的游戏平台，这已经远远超越了纯游戏的属性。或许把游戏作为元宇宙的船票就是腾讯的核心战略。这个战略相对于 VR 和 AR 设备成熟的超大型社区，还是非常贴近腾讯的实际情况的，而且也避免了在微信这个重要支柱上出现太过激进的变革。

3.4.3　微信向元宇宙进化的可能性

但是，外界最为关心的还是腾讯微信进军元宇宙的可能性。

微信作为从 QQ 升级而来的腾讯史上最强应用，现在已经拥有十几亿用户，如果全面拥抱元宇宙，影响会很大。甚至某种程度上说，由于微信支付在世界范围内也是最强大的支付应用，微信自然比 Meta 有更强的优势去构建未来的元宇宙经济治理机制。

不过从目前来看，微信短期内升级为元宇宙的可能性并不大，大体有 3 个方面的阻碍。一是腾讯的战略机构，目前其投资和互联网为平行架构。从支撑腾讯市值的效果看，腾讯的本质属性更接近于一家科技投行，只不过以自身的平台能力做支撑，这也是其元宇宙布局投资先行的根本原因。二是从对物联网的姿态上看，腾讯最高层似乎并没有完全下定决心把微信作为整个公司的技术底座，进而牵引 IoT 的广泛连接（也就是承接产业互联网）。如果那样做，微信部门不可避免会一家独大到完全再造腾讯的地步。既然之前产业互联网的重大机遇都没有让微信做先锋，在元宇宙方面腾讯也应该会非常慎重。三是张小龙对微信最终发展的趋势性判断。目前微信作为超级社交工具的历史使命已经完成，作为产业互联网连接器的能力并没有落地，而如果微信再造一个元宇宙的基础设施，短期是左右互搏的逻辑，很像 QQ 和微信的关系，长期看基本上相当于张小龙带领微信二次创业，背后需要的决心可想而知。从 2021 年腾讯年度中高层会议上张小龙的表态看，他关注元宇宙很久，应该有了自己的系统想法。当然，这背后也有中国互联网监管的问题，是否允许微信构建一个 Meta 那样的理想化元宇宙帝国，是否允许互联网公司拥有独特的经济系统，这些在目前的监管条件下挑战大于机遇。

3.4.4　腾讯在元宇宙上能做的 3 件事

那么，腾讯在元宇宙布局上能做的事情是什么呢？

腾讯大概率会在 3 个维度发力：一是继续投资并购元宇宙标的；二是重度投入游戏团队，从游戏角度切入具备社交属性的元宇宙社区，力求孵化出下一代元宇宙式的微信；三是用创新机制在内部建立多个元宇宙的平行创新业务，整合现有的部门，用赛马的方式寻找最终做大腾讯元宇宙（或者说"全真互联网"）的机会，包括腾讯会议、全息投影、机器人等领域都有可能承载这个新愿景。

腾讯组织架构调整的动作也基本验证了以上判断。要知道腾讯针对每一个战略判断都会做一次组织架构调整，这是腾讯特点的战略表达方式。2021 年年初，腾讯进行了第五次组织架构调整：腾讯视频、微视、应用宝被合并，进入新成立的在线视频事业部；原QQ负责人梁柱调任腾讯音乐CEO；天美工作室负责人姚晓光兼任PCG社交平台业务负责人，主管QQ。前两项不难理解，都是腾讯为了更好地管控条线和整合资源做出的调整，至于最后一项，腾讯为什么会让自家最大的游戏工作室天美（也就是《王者荣耀》所在的工作室）的负责人姚晓光去管IM产品？腾讯的说法是"希望将探索游戏领域所积累的计算机图形技术和能力应用于社交和视频领域"。这就是游戏切入元宇宙的逻辑。

前文提到过，腾讯投资了元象唯思，而这家公司完全是在做元宇宙。从业务简介来看，该公司瞄准全真互联网，"下一代数字世界将是逼真、沉浸、智能和开放的，将打破文字、图片和视频等传统内容交互的束缚"，并表示将专注于人工智能、云渲染、视频编解码与大系统工程等前沿技术，在生成数字世界的过程中，在线上和线下为消费者提供前所未有的交互体验。这种表达本质上和元宇宙并无差别。我们有理由相信元象唯思本身就带有腾讯的投资，而且做大做强之后被腾讯控股的条款或许已经写入投资协议，这种体外孵化的方式可能不止这样一个案例。当然，也有另外一种可能，就是这家公司是脱离于腾讯创业的独立项目。这代表着腾讯的前高层对于元宇宙的趋势深信不疑，才有如此大的决心。

从长远来看，腾讯在元宇宙的投入不可避免会融合VR/AR、游戏、社交等多种属性。虽然这个趋势还不甚明朗，从马化腾和高层投行家的角度看，这需要一次更大规模的赛马。当某一个入口价值显现时，腾讯不排除从这个入口全面接入元宇宙的可能性。

3.4.5　腾讯在元宇宙时代面临的挑战

而腾讯在元宇宙时代面临的最大挑战就是其产业互联网基因的缺陷，这让其云业务和 IoT 业务一直处于战略摇摆之中，并没有形成微软、亚马逊这样的云业务破局，也没有成为小米、华为那样的 IoT 广泛突破，相对于阿里云也一直处于跟随状态。其底层 AI 和计算能力相对于百度并不领先。这些底层和表层的突破都没有真正形成，在某种程度上也必然影响其元宇宙战略。但用 10 年的时间看腾讯，其依然很有可能成为中国排名第一的元宇宙公司。

对于元宇宙（或全真互联网），归根到底腾讯无从选择，不是简单创新方向跟随的问题。如果腾讯在元宇宙时代落伍，阿里、百度、字节跳动完全有能力用元宇宙的全新体验再造游戏、社交业务，甚至再造电商。所以，这一仗，强大的腾讯不容有失。

大而不倒非常难，唯有持续创新。

3.5　高通和英伟达用生态思维布局元宇宙

高通和英伟达一直在元宇宙创新的最前沿，背后的大逻辑显而易见——只有跨代的应用创新才可能驱动芯片、计算等底层技术更高水准的繁荣。

先说高通，高通对于芯片集成 XR 能力的技术方向深信不疑。其推崇 XR 的根本目的还是布局下一代移动设备。提供更强算力的指向必须有更新的应用出现，否则高通很难驱动合作伙伴围绕其芯片做应用开发。2021 年 9 月，高通举办的 XR 峰会高朋满座。关于 XR 的未来，高通希望通过四大战略去实现，具体来讲，即利用在移动通信领域的技术积累，打造并不断优化骁龙 XR 平台，通过 XR 核心芯片平台、软件与算法、参考设计、合作项目四大战略推动元宇宙发展。

目前高通正在以元宇宙的理念，利用自身平台和技术与各路内容厂商展开密切合作，共同构建 XR 生态系统，推动 XR 产业发展。作为芯片供应商，高通的定位就是在产业链上游提供底层基础设施，这一点非常明确。作为 XR 产业生态助推者，高通顺势发起了 XR 产业投资联盟。联盟首批成员企业有 23 家投资机构，包括达晨财智、高瓴资本、歌尔战略与投资部、国投创业、红杉资本、火山石资本等。架势已经摆好，合作伙伴也正在跟随。

3.5.1　高通的元宇宙联盟

高通的峰会上，中国区董事长孟璞表示："相信 XR、AI 和 5G 的深入融合将驱动新一轮的产业变革，助力众多传统产业升级转型。它会变革人们的工作、娱乐、购物和学习体验。"他介绍：高通已经在 XR 技术领域深耕多年，5G 的商用为 XR 带来了新的机遇，5G 所支持的高速率、低时延和高可靠性将给用户提供全新的 XR 体验，这些都将会给教育、医疗等行业带来深远的影响。高通中国区 XR 业务负责人郭鹏认为，物理屏幕将会消失，整个世界都将成为屏幕；XR 从视野角度、自由度和环境感知能力 3 个方面将眼镜的功能升级，比如说 XR 眼镜可以通过提高环境感知能力，让世界成为最后的屏幕终端。

总结来看，从高通的角度，它并不在乎是否会存在 Meta 关心的超大型社区，也不关心 3D 图形技术是否像英伟达勾勒的那样激动人心，而关心的是端智能的进化和端的算力需求是否增长。除了手机、Pad 等移动设备，新的 VR、AR 都在高通的关注范围内，而其提出的 XR 混合现实，实际上包括了 VR 和 AR 形态，并且对体感操作、传感器数据跟踪等提供了新的应用场景。这些都是围绕高通的半导体核心能力展开的元宇宙构想。

合作伙伴确实已经快速跟进。高通最早的 XR 应用来自印度的初创团队 Kaaya Tech 带来的 XR 设备 HoloSuit。该产品不仅能捕捉用户全身的运动行为，甚至能实现全方位的触觉反馈效果。这个效果和电影《头号玩家》中的体验非常一致，有一种超时空的体验逻辑。相比于 Oculus 等设备，XR 有一个很显著的差异，那就是和高通的移动端能力匹配。HoloSuit 只含一件体感衣、一双手套以及一条运动裤，可选配 26 个或 36 个嵌入式传感器并且具备 9 个触觉反馈装置和 6 个嵌入式按钮。这些元件分布在双臂、双腿和十根手指的位置，而 VR 头戴式显示器则需另行加配。借助这套设备，HoloSuit 可以捕捉用户的运动数据并呈现到虚拟世界，不需要手柄，而且和《头号玩家》里面的逻辑一样，还可以把虚拟世界的体验通过传感器等回传给用户。

在高通举办的这次 XR 大会上，很多消费电子行业企业家也发表了对元宇宙的看法。歌尔股份高级副总裁于大超表示："XR 硬件收入翻两番，VR/AR 产业正迅猛发展，VR/AR 行业正在突破拐点，驶入发展快车道。"这家公司在中国未来的元宇宙版图中必然起到至关重要的作用，不仅由于其是苹果和 Meta 眼镜的代工公司，还因为歌尔有自己独立投资的 VR/AR 项目。目前，这家公司也被认为是 A 股最具代表性的元宇宙公司，市值一直稳健增长。

从传统的手机耳机、话筒供应商，到如今的机器人传感器、虚拟现实等精密器件研发生产，歌尔股份在智能制造领域一直高歌猛进，在元宇宙的节点上更是显示出强大的中国制造比较优势和创新优势。"歌尔现在已是 VR/AR 行业的领军者。"歌尔股份董事长姜滨曾经这样自信地表示。从数据来看，2016 年，歌尔 VR 头戴显示设备出货量已达全球领先水平。

我们跟踪歌尔股份的并购过程，发现这家公司一直是围绕全球超级巨头的声学、视觉需求展开的。2014 年，歌尔宣布收购在专业音响领域享有盛名的世界顶级音响制造商 Dynaudio Holding A/S（丹拿），以此完善电子声学产品线，打开智能音响研发通道；2015 年，歌尔收购丹麦音频技术公司 AM3D，获得了 3D 音效增强和 3D 环绕音效算法能力，为 VR 等可穿戴设备的声学设备提供解决方案；2017 年，歌尔又购入纳斯达克上市公司 Kopin Corporation 约 10% 的股份，与这家提供创新型可穿戴技术和解决方案的开发商携手合作。这些并购都为歌尔股份在元宇宙时代大放异彩奠定了基础，也让其中国元宇宙核心概念股名副其实。

同样是在这次高通大会上，HTC 中国区总裁汪丛青也有一段精彩的关于元宇宙的论述："想要一家独大的，都不适合元宇宙"。他谈到，元宇宙并非新的概念，在之前的书籍、电影中相关概念都有。他给出了元宇宙的六大定义，并表示元宇宙概念清晰之后，可以让大家拥有更清晰的发展方向。这六个定义分别是：只有一个元宇宙；元宇宙不属于某个人、公司或者国家；元宇宙将会对每个人开放；元宇宙是一个独立的设备；任何一个人都可以进入元宇宙；元宇宙将是下一代互联网革命。

汪丛青认为屏幕将会逐渐消失，未来的显示设备将从智能眼镜到隐形眼镜，甚至到最后的脑机芯片。元宇宙的到来将全面影响人们的生活方式。元宇宙在工具制造、软件、设备端、产品以及服务、支付方式、社交方式、人类公平、机会公平和气候影响等方面都会带来新的机遇。在高通的 XR 大会上，众多厂家在展现自身成果的同时，也在向高通表明坚定合作的愿望，不得不说这是高通元宇宙战略的一次重要里程碑。从这家芯片巨头的底层技术看，我们可以更加清晰地感受到元宇宙的脚步正在加快。

3.5.2　英伟达的元宇宙愿景

英伟达真正关心的是图形计算在元宇宙方向的应用。

2021 年 4 月，"皮衣刀客"黄仁勋在网络上举行了发布会。发布会选景是自己家的厨房。身穿皮衣的老黄从家里的各个角落翻出要发布的产品并进行介绍。但三个月后英伟达自曝了这场"骗局"。据悉，发布会上有 14 秒是通过 Omniverse 建立的。从黄仁勋、厨房背景再到所有细节，都是通过建模还原出来的。据透露，英伟达共做了 21 个版本的假老黄，最终挑出了一个最像的。这场"骗局"让世人见识到了元宇宙以假乱真的厉害。虽然这只是一个炒作，但已经可以让人们感受到元宇宙的真正魅力。

2021 年 9 月，在展示图形、图像计算前沿技术的 SIGGRAPH 大会上，英伟达宣布，全球首个为元宇宙建立的提供基础的模拟和协作平台 NVIDIA Omniverse 将通过与 Blender 和 Adobe 集成来实现大规模扩展，并将向数百万新用户开放。英伟达在这次大会上正式推出了入门级工作站显卡 RTX A2000，让专业人士更容易地接触到了 RTX 技术。这表明英伟达已经做好了元宇宙的研发准备工作。

英伟达创始人黄仁勋的元宇宙观也非常系统："未来随着科技不断发展，虚拟世界与现实世界将产生交叉融合，现在正是元宇宙世界的风口浪尖，而 NFT 也将在其中扮演重要角色……我相信我们正处在元宇宙的风口浪尖上。正如你们所知道的，元宇宙是一个连接到我们所生活的世界，由多人共享的虚拟世界。它有真实的设计和经济环境。你有一个真实的头像，既可以是真人，也可以是一个角色。在未来，我们现在可能就生活在一个元宇宙中。它将是一个通信元空间，不是平面的而是 3D 的，甚至我们感觉到就在彼此身边，这就是我们进行时间旅行的方式。它可以模拟未来。我们将会看到物理世界之上的叠加层，如果你愿意的话，这可以是一种元宇宙叠加层。在工业界，建筑完全可存在于虚拟现实中，我们可以用数字方式设计它，让其在 VR 中存在一个物理建筑的数字孪生体。我们将能够模拟一切，在其中训练机器人。我们可以模拟如何最好地分配空调以减少能源消耗；设计某些变形机制，在阻挡阳光的同时尽可能多地让光线进入。在物理世界中部署任何东西之前，我们都可以先在数字孪生、建筑元宇宙中将其模拟出来，并能够使用 VR 和 AR 进出。"

黄仁勋对元宇宙的用户体验和应用场景的描述非常具体和生动，甚至某种程度上比扎克伯格更加清晰和全面。这段发言透露了英伟达的元宇宙思考已经在 B2C 和 B2B 方面同时推进，也就是说英伟达眼中的元宇宙本身就超越了场景、用户和商业形态，是一个对未来文明的底层打造方式。

我们从高通、英伟达这两家半导体巨头的视角，可以看出它们对元宇宙的发展方向已经深信不疑，并且早在 3 ～ 5 年前就开始了在这个方向的研发，而元宇宙只不过恰好准确地概括了它们的研发方向。移动算力巨头高通和图形处理巨头英伟达的加入，为元宇宙的进化提供了无穷的动力。芯片和核心 3D 引擎处理技术都具备了，这些底层突破必然将带动更多创新型公司在大生态平台上开启元宇宙创新创业项目。

3.6 微软用企业元宇宙寻求差异化

微软在元宇宙战略中的发布更加耐人寻味，一方面积极拥抱趋势，另一方面多次强调限定在企业元宇宙范围内。

微软在 2021 年 10 月 29 日股市收盘后，市值达到 2.47 万亿美元，再次超过了苹果公司，成为全球市值最高的上市公司。这个信息其实并不让人意外：一方面微软受益于突然之间人们对云服务的需求，2020 年开始进入强劲增长期；另一方面苹果面临全球消费电子供应链的挑战和困扰。在微软公布的 14 个产品类别中，有 13 个产品收入实现了同比增长。唯一落后的是微软的硬件部门 Surface，其收入下降了 17%。这和谷歌很像。智能云是微软最大功臣，而硬件部门 Surface 由于其更多是作为生态伙伴引领的角色，还没有作为独立发展的重点，收入下降也在预料之中。微软市值重回全球第一的新闻，似乎也预示着人类的数字文明拥有了强劲的智能和云服务生产力，这当然也将助推数字文明向更高的层次进化和发展。

3.6.1 微软的企业元宇宙助力生产力提升

在业绩信息发布之前，还有一个重磅发布提振了投资者对微软的信心。微软现任 CEO 纳德拉在合作伙伴 Inspire 2021 大会上发表了关于元宇宙的演讲，提出了"企业元宇宙"的新概念。**他的观点也可以延展出 3 个要点，有几个论述的理念依然很新颖，包括协作应用程序、混合工作、生产力新驱动模式。**

第一，协作应用程序

纳德拉认为：有一类新的应用程序在今天的劳动力中越来越重要，就是"协作应用程序"。这些应用程序正在打破通信、业务流程和协作之间的障碍，并将它们融合在一起，从而形成更加统一的工作流程。他进一步解释道：企业元宇宙是为了融合虚拟数字世界和物理世界而创建出来的基础设施堆栈的新层。该平台融汇了物联网、数字孪生和混合现实。你可以从数字孪生开始，建立一个丰富的物理或逻辑数字模型，无论资产、产品还是复杂环境，都能跨越人、地、物与其相互作用。数字孪生实时绑定物理世界，这样你可以使用混合现实监视环境并在其中协作。

第二，混合工作

根据微软的研究，2020 年开始人们的工作方式因不可抗力确实出现了巨大的变化。大多数员工希望有更灵活的远程工作选项，但他们也希望有必要的面对面合作。这就是混合工作需求。

第三，生产力新驱动模式

因为工作方式的灵活变化，智力劳动对生产力的贡献将必然进一步加大。所有人可能都以某种方式看到了去年的挑战是如何导致新的可接受的转变，比如打破工作日，改变工作流程的习惯，或者关注完成的任务而不是打卡的时间。

从微软的角度看，未来的生产力新驱动模式大背景还包括随着数字孪生、物联网和混合现实的结合。数字孪生是任何"物理或逻辑"的数字化模型，可以是一栋建筑、一个产品或一个更复杂的环境，涉及人与人之间的互动。数字孪生体与它的物理孪生体实时绑定，可用于检查、环境监测、协作、模拟等。AI 可以用于分析数据和预测物理环境的未来状态。这些新的变化无不意味着生产力新驱动模式的诞生。

纳德拉非常看重元宇宙虚拟会议体验，用元宇宙升级 Office 相关功能是目前微软的主要着眼点。2021 年 11 月 2 日，微软在 Ignite 会议上宣布将推出新的 Mesh for Microsoft Teams 软件，将微软的混合现实平台 Mesh 融入视频会议工具 Teams 中，允许不同地理位置的人加入协作并共享全息体验，实现加入虚拟会议、发送聊天、协作处理共享文档等更多功能。业内预计 2022 年上半年这个功能会上线应用，这也就意味着微软对未来虚拟办公、虚拟办公室和虚拟形象融入企业运营已经深信不疑。

微软大中华区混合现实行业解决方案总监黄憼也对此表示：企业元宇宙在设备层、用户层、应用层和数据层都将与人们常说的元宇宙不相同。其中在用户层，企业元宇宙主要关注企业员工、合作伙伴和客户三大方面。"Hololens（微软公司开发的一种 MR 头显）将会促进物理世界和数字世界相互融合，可以让用户不脱离真实世界与虚拟世界完成交互。元宇宙不应该完全脱离现实世界。"黄惊说。他还觉得企业用户面对元宇宙的发展将会经历数字化转型、协同办公、设计讨论以及流程优化等多个过程。

当然，功能升级还只是微软元宇宙布局的一个侧面，更纵深的战略是其自身提出的"企业元宇宙"方向，包括虚拟会议，也包括企业的虚拟化运营和管控，用全息、3D 的场景替代办公、娱乐、交通等，甚至包括巨大的再造工作流程和智能制造方式的全新机遇窗口。可见，作为全球云服务、软件巨头的微软并不想错过元宇宙这个时代性的重大历史变革。

3.6.2　企业元宇宙已经开始大型工业应用

B2B 应用领域的企业元宇宙也可以理解为一种全息智能服务或者仿真方式，这和传统的虚拟现实研究方向一致。不过，微软的企业元宇宙确实有了创新。我们看一下微软和百威英博是如何应用元宇宙的。

百威英博是全球最大的啤酒企业之一，共拥有 200 多家啤酒厂，15 万名员工。自 1995 年进入中国以来，百威英博已经在中国布局了 50 多家工厂和 5000 多家渠道分销商。这家企业还是各种新理念的积极实践者，尝试了各种新技术和新应用。

微软和百威英博共同构建的"元宇宙"融合了物理世界和数字世界中的多种元素，创造了一系列变革性解决方案。在其中我们可以看到数字孪生、机器学习、混合现实、低代码、精准定位等多种技术的叠加，以及由这些技术和系统构建的组合应用，在交织领域开启了全新想象力和创造力，具体包括以下几点。

- **生产数字化管理**：在生产过程中，百威英博与微软一起为啤酒厂和供应链创建了一个完整的数字孪生。这套数字模型可以实时同步物理环境的变化，映射出各种天然成分和酿造过程之间的复杂关系。酿酒师可以更精准地把握酿造过程，并且及时调整工艺。来自一线的操作员也可以根据这套系统，实时了解产品质量和状态参数，保证设备的正常运行并进行预测性维护。在实际操作中，百威英博利用深度学习，帮助包装流水线的工程师检测和解决生产过程中的各种瓶颈问题。

- **远程运维协作**：在维修过程中，百威英博在数字孪生的基础上叠加了混合现实应用，鼓励各种远程协作。员工在任何位置都可以启用共享体验，实现跨区域的有效知识共享。每个百威英博的员工都可以使用低代码方案扩展系统中的数据，跟踪产品的生产历史以及预测未来状态。在运输过程中，百威英博通过位置追踪和实时定位，减少了供应链的碳排放。

- **零售管理**：在零售端，百威英博通过在线服务为杂货店提供定制化推荐，使个性化产品的点击率提升近100%，订单转化率提高了67%。

从以上的应用层面可以看出，微软企业元宇宙帮助客户建立了仿真环境，实现了更高水准的数字化运营。元宇宙让整个世界变成了百威英博的创意画布。而除了在啤酒行业的应用，据悉微软还推出了多套企业元宇宙方案，在能源、地产、医疗等领域都有涉足。

回顾微软的企业元宇宙布局，我们对这家全球最大的科技公

司不免会有一些新的认知。

第一，微软在智能云上拥有强大能力，对下一代的元宇宙创新有着强烈的需求。这个需求也是微软智能云业务进化的重要动力。

第二，微软在企业级 B2B 应用上的拓展，也丰富了元宇宙的内涵，同时对工业仿真也产生了互联网化的革命性推动。这让元宇宙这个时代趋势更加立体和丰满。

第三，在元宇宙被热炒的过程中，所谓的"泡沫"论调其实并没有看到企业真实的需求。如果像百威啤酒这样的需求被系统化放大，企业注定会经历数字化转型、智能化转型之后的"元宇宙化转型"，背后注定蕴藏着巨大的发展空间和商业机会。

第四，微软 CEO 纳德拉对企业元宇宙的战略决心和果敢的行动力值得称道。这位被比尔·盖茨亲自选定的接班人不但不保守，而且充满了为未来拼搏的勇气。

有理由相信，微软在元宇宙上的布局才刚刚开始，注定拥有更大的潜力。微软也为企业级服务的"元宇宙化转型"起了一个华丽的开头。

3.7　百度将希壤和虚拟人作为元宇宙突破口

百度作为一家长期密切跟踪前沿科技的互联网公司，一直有着创新驱动战略的惯性，也有系统构建创新体系的决心。这与创始人李彦宏的科学家背景和思维方式有关。

从李彦宏的角度看，或许站在前沿科技的门口不断敲门是最好的战略姿态。所以我们看到百度在搜索引擎领域从 2000 年到 2021 年一直保持领先，这背后就是技术积累价值并持续放大价值的过程。而之所以经历诸多挑战其搜索领导者地位都未被撼动，根本原因还是背后的技术支撑力。而李彦宏对于 AI 的战略决心早在 2010 年之前就开始萌发。百度在 AI 和智能汽车底层技术方面的人才储备也很丰富，将智能汽车定义为"汽车机器人"的认知比较超前。目前，很多百度的一线研发专家并不为外界所知，但他们一直是百度薪酬体系的核心激励对象，这个前沿技术的"斯巴达克军团"不容小觑。

百度战略另外一个技术基础是系统性构建前沿科技基础设施的能力。应该说，在这方面李彦宏和王传福对智能汽车底层技术的长期投入思维非常接近，因为只有真正懂技术的人才清楚科技研发如何展开，如何把握投入的重点和力度。这方面从百度智能出行业务在 Apollo 汽车智能化、ACE 智能交通、Robotaxi 的萝卜快跑的布局可见一斑。百度在智能汽车这个产业的垂直布局缜密且格局宏大。

3.7.1 百度元宇宙战略通过希壤支撑新型社交

在百度世界大会 2021VR 分会场，百度发布了"VR 版的百度元宇宙"。用户打开百度 App，搜索"百度世界大会 2021"，进入"官网"，点击"百度世界 VR"，即可进入炫酷的"百度元宇宙"。这里由百度大脑、未来出行、未来生活、AI 教练四大展区组成，目前还处于比较简单的业务展示层面，从"观景平台"乘坐"电梯"进入位于 188 层的会场时，便会看到由无数芯片、集成电路和流动数据构成的"百度世界"。据悉这次 VR 体验使用了百度自家的虚拟空间多人互动平台"希壤"。其命名源自《山海经》，代表了无限生长和未来愿景。

从技术角度看，希壤以 AI+5G+VR 为核心，集定制化场景、多人会话、在线社区、点直播、智能语音、手势交互等诸多技术能力为一体，采用三维模型构建了整个虚拟世界，并通过第一人称视角进行全沉浸式的视觉体验和互动反馈。这和 Meta 的虚拟会议系统如出一辙，也可以说是小度语音、百度 AI 等多方面能力的汇总。结合百度之前探索的云游戏、智能云可视化等多个技术方向看，百度在元宇宙方向上已经有了很多底层技术的研发支撑。可见，希壤定位是元宇宙的云化解决方案。

百度 AI 开发者从 2021 年起将在 VR 环境中完成，其内核是一个 Creator City。

百度展现的这个 AI 开发者 VR 社区具有虚拟平台的 3 个特性。

第一是"**与物理世界平行的虚拟世界**"，具备真实的物理属性和事物属性，从而可以在虚拟空间中完成线下能完成的所有活动。

第二是"**我们能在两个世界自由穿梭**"。百度认为：没有物理环境限制，时间将不受任何事件和空间限制，人们借助各种入口即可前往两个世界。

第三是"**事物能在虚拟世界里被重塑和再创造**"。百度对这一点的理解是：虚拟世界中，可更自由地定义角色、空间、产品和创意，使其可视化程度及表现力都远远超过传统常识。

这三点表达可以理解为百度对元宇宙的底层理解，还是偏向社交化应用的。

以上都是希壤的能力展示，也是其 AI 开发能力的展现。从中我们可以看到百度的几个研发重点。

第一个是希壤的开放能力支持，用 3D 技术构建一个语音智能搜索之外的虚拟空间、视频互动的搜索形态。在 VR 和 AR 环境中，立体交互式搜索对于课程类高质量内容需求用户来讲，是一个刚需场景。这个场景也可以出现在在线教育、在线培训、视频会议等领域。

第二个是百度虚拟人技术，这是其 AI 能力的外在形态，同时也是元宇宙世界中机器人的核心展现方式。

第三个是百度 AI 语音技术、多人互动平台与超大型虚实场景的融合。

第四个则是对元宇宙未来商业模式的探索。百度提出"一站式虚拟空间品牌与商务服务"，邀请 Creator City 的城市赞助商采用希壤工具集一次性搭建可以永久使用的独特品牌互动空间，轻松生成自己的企业形象虚拟人，或调动百度 AI 能力训练虚拟人，快速帮助客户解决问题，加速商业化转型。当然，这里面肯定会有广告等形态。

3.7.2 百度用虚拟人牵引元宇宙布局

从以上两次发布看，百度并没有大张旗鼓地发布具体的"元宇宙"战略，而是朝着元宇宙的方向展示了自身的技术积累，同时在商业化方面已经有了系统的思维。特别在虚拟人技术上，百度已经将其作为切入元宇宙的战略重点，这和微软分离出小冰公司有着同样的战略逻辑。

在 2020 年的百度世界大会上，用 AI 技术生成的李彦宏和康辉的虚拟人第一次亮相，虚拟人背后的核心技术是百度大脑的 AI 能力。李彦宏对此解释说，虚拟人一直在学习，一方面它能够学习你的声音、记忆你的经历，另一方面，它也在学习你的思维方式，并且逐步拥有各种各样的能力。而在 2021 年 4 月，百度发布了终端虚拟人 3.0 版本。这次技术更新让用户可以对任意真人建模后，在短时间内生成真人的虚拟形象。该虚拟形象和之前比有了更好的真人效果，并且可以展示在手机、电脑等终端设备中，和元宇宙中的孪生数字分身仅一步之遥。同时，百度的 Apollo 汽车智能化生态中，驾驶员同样可以生成虚拟人来引导导航。百度地图也推出了虚拟人张京华，可以提供语音包和导航服务。从百度总体虚拟人战略来看，小度和智能汽车是虚拟人硬件载体，软件以应用的方式适配在不同应用场景中，这个大逻辑是非常清楚的。这也说明百度战略上另辟蹊径，把虚拟人作为一个重要的元宇宙入口。

实际上将虚拟人作为元宇宙入口也曾是微软的判断。 2021 年 9 月 23 日，小冰公司发布社交 App "小冰岛"，这是一个明显的基于 AI 虚拟人技术的元宇宙生态平台级应用。**小冰公司之前分拆自微软。** 2020 年 7 月，微软宣布将人工智能小冰业务拆分为独立公司运营，成立小冰公司。2020 年 11 月 24 日，微软中国与小冰公司在北京宣布达成战略合作伙伴关系，强强联手，面向广大 To B 重点行业客户，联合推出一系列"人工智能＋云计算"商业化解决方案。

第九代小冰发布后，"小冰岛"社交 App 已经变成一个元宇宙大型社区。目前，"小冰岛"瞄准人类用户和人工智能之间的社交关系——每个用户均可创造自己的岛屿，可以在小冰岛中自定义人工智能个体。小冰岛会根据用户需求，为用户生成长音频、短视频、音乐、文本及视觉内容。

可见，百度对于元宇宙潜在爆发机会的深度思考应该是在两三年之前做出的。除此之外，其智能搜索引擎天然具有成为虚拟资产确权平台的机会。目前，以虚拟世界观创造的视频、图片等艺术品都缺少很好的确权方式，百度搜索理论上可以构建一个超大型的支撑平台。

另外，百度把汽车智能化看作"汽车机器人"，这本身也是和元宇宙深度连接的技术方向。目前 Apollo 虚拟人技术已经成熟，小度的语音对话系统领先业内，这些都为连接元宇宙和汽车机器人提供了可能性。而一旦这些都获得了突破，百度在汽车驾驶模拟器、赛车游戏等领域，理论上可以创造完美的游戏体验，进而有了通过元宇宙创新再造电商、游戏两个互联网利润中枢的可能性。

可以说，元宇宙给了百度放大 AI 价值的一个很好的时间窗口，也给了百度重新追赶腾讯、阿里的机会。正如李彦宏在 2017 年出版的《智能革命：迎接人工智能时代的社会、经济与文化变革》一书中所述："人工智能是新的光，讨论它对总体社会的影响，只靠与互联网经济相关联恐怕还不够。这是一场漫长的社会进化过程的最前沿的变革，不仅会让经济、科技总体面貌发生改变，也会让国家社会治理层面乃至文化、个人层面因为人工智能浸润而发生变革，由此，经济基础与上层建筑的共同变化将使文明样态发生改变。"这个论述虽然是从 AI 的角度说的，但鉴于 AI 和元宇宙紧密相连的关系，放在元宇宙战略角度大逻辑同样适用。

百度"希壤＋虚拟人＋AI"的元宇宙策略对多个互联网传统商业模式的再造，也许是未来我们观察百度战略成长性的重要角度。

3.8 阿里巴巴用元宇宙再造电商

阿里巴巴对于元宇宙的战略布局也已经初见端倪，区别于腾讯聚焦于社交和游戏、百度以希壤及 AI 虚拟人为核心元宇宙入口，阿里巴巴延续自身业务的优势和特点，更多专注于多场景应用逻辑以及底层技术研发。

3.8.1 阿里巴巴探索多场景元宇宙应用

在 2021 年的云栖大会上，阿里巴巴达摩院 XR 实验室负责人谭平在演讲中阐述了阿里巴巴对元宇宙的理解以及其产业投入方向，并展现了一些元宇宙模式案例。

谭平认为 AR、VR 是元宇宙核心要素，他说："我觉得元宇宙就是 VR/AR 眼镜上的整个互联网。VR/AR 眼镜是即将要普及的下一代移动计算平台，而元宇宙则是互联网行业在这个新平台上的呈现。"另外他也认为元宇宙可以再造社交、电商、教育、游戏，甚至支付等传统的互联网领域，即我们今天熟悉的各种各样的互联网应用，在元宇宙中都会有它自己的呈现方式。

谭平还从计算设备的视角抛出了一个观点，他认为计算平台的迭代是推动元宇宙的核心动力，这一点也延续了 VR/AR 的思维。随着计算平台的迁移，互联网应用也随之迭代。以我们最熟悉的社交和电商为例，PC 上的社交工具为 QQ，到手机上就全都变成微信了。电商也经历了非常重大的变化，比如在手机时代，电商出现了新物种，那就是本地生活。

谭平对元宇宙的新型交互给予了肯定，也表明了阿里巴巴基本的跟随态度。谭平还提到了多层应用思考：第一层是全息构建，第二层是全息仿真，第三层是虚实融合，第四层是虚实联动。

如果仔细研究和品读阿里对元宇宙的认知逻辑，我们会发现其总体还是一个在现有互联网商业模式之上逐步叠加元宇宙应用和部件的过程。这种现实的叠加有其合理性，但对于外界预期的颠覆式的商业模式还有一定差距，但阿里对元宇宙发展趋势的认知是比较清晰的。包括后面大会提到的几个应用场景，实际上都是用元宇宙改造现有商业模式的案例，具体分析如下。

- **"天猫全息店铺"**。通过三维重建技术构建的线下店铺的 VR 模型，使得用户可以在模型中漫游，查看商品的详情甚至下单，从而获得一个沉浸式的体验，实现足不出户而逛遍天下。这可能是阿里最先呈现的元宇宙体验。
- **虚拟家装**。对家具和家庭环境进行三维建模，使得用户可以在这个场景中改变家具的搭配，甚至修改地板的方案，提前预览装修的效果，做到所见即所得，所得即所想。这个体验目前已经广泛应用在家装行业。如果阿里能对其进行整合，有可能带来超大型虚拟家装社区的效果。
- **仿真案例**。魔珐科技公司通过动画和仿真技术构建出栩栩如生的虚拟人物，人物的表情、动作、服饰甚至头发丝都很逼真。这样的虚拟人物可以应用于虚拟世界的不同场景，比如直播、客服等。对于阿里的电商平台，这有点像某种增值服务。

- **太极图形公司的粒子仿真动画。**这家公司提供了一种新型的编程语言，大大简化了粒子仿真系统的编程，使得用户可以通过这种全新的语言快速实现各种仿真效果。
- **与松美术馆合作的 AR 艺术展。**在这里用户戴上 AR 眼镜以后，就可以沉浸到一个艺术家设计出来的虚拟世界中，并且可以和虚拟世界中的一些虚拟元素进行互动。艺术家也可以通过这项技术向公众更好地展现自己的作品，介绍自己的艺术理念。有了这个体验逻辑，阿里就有了打造 O2O 新形态的可能性。

从这几个有代表性的元宇宙应用场景来看，阿里的元宇宙战略更强调支撑业务的效果，并且有着用元宇宙再造电商的动机。

3.8.2　达摩院的战略布局

从产业角度来看，阿里提出的元宇宙还不能称为构想，而是对目前实践的一个总结，不过这背后依然蕴藏着勃勃雄心。

这里引出了一个新话题，即元宇宙应用公司和元宇宙技术驱动商业模式长期发展会有哪些差别。结合阿里的探索方式，它可能会面临几个共性挑战。

其一，如果忽略了元宇宙的内容创造属性，那么最终的生态内容构建的效率会降低。

如果阿里继续用传统互联网店铺的方式展现产品，并且轻视用户的社区属性，不仅会让未来的元宇宙社区面临用户流失的风险，也会让目前短视频社区的购物用户体验变差。这里根本的问题是阿里的生态缺少内容构建的逻辑，把商品仅仅作为核心内容是远远不够的。从长期来看，人们的购买行为会更加随机，在社交化、游戏化中形成新的电商购物体验是值得阿里长期探讨的，如果阿里能够激发商家参与电商元宇宙建设，不仅会提供更多独特的用户体验，也会为阿里自身带来新的收入增长来源。

其二，如果不能从产业视角联动芯片和图形技术来夯实元宇宙基础设施，元宇宙技术可能会长期受制于人。

很多公司仅仅将 VR/AR 看作元宇宙基础设施，这只是入口层面的思维，元宇宙的格局肯定不止于此。比如消费电子厂商构建 3D 的触摸屏式元宇宙社区也是大概率事件，不一定在 VR/AR 基础上实现。如果阿里能够在切实应用 VR/AR 技术的基础上，在图形化技术方面向英伟达靠拢，提升电商应用体验，那么带来的多重创新形态必然会大放异彩。

其三，每一家公司都需要从自身能力基因出发来布局元宇宙，这样更有利于形成未来的比较优势。

无论 Meta 的元宇宙，还是苹果、微软的企业元宇宙，实际上都延续了之前的核心竞争力。所以，从这个意义上说，阿里如何延续阿里云的比较优势切入元宇宙是一个值得深入探讨的话题。如果阿里能作为计算中心和存储中心成为元宇宙核心的支撑企业，那么它很可能会延续自身优势切入元宇宙赛道。不过，目前切入元宇宙的产业巨头一般自身也有云业务，所以这一假设在元宇宙发展中期出现的可能性更大。

从长期战略的角度来看，我们认为阿里达摩院进一步重度投入元宇宙研发应该没有悬念，包括 3D 社区引擎和图形技术、云服务支撑技术、社交化内容生产工具和智能机器人等方面都值得深度研究。如果最终战略性地重构元宇宙电商的用户体验，那么阿里元宇宙必然会出现阶段性里程碑，这个战略格局肯定不仅仅是 VR/AR 部门，也不是达摩院，而是阿里巴巴集团应该考虑的方向性问题。

通过元宇宙场景创新电商业务的大机遇非常清晰，阿里如果能真正抓住，依然可以重塑辉煌。阿里的元宇宙布局形势总体非常乐观，虽然阿里对于前沿技术探索的能力仍在逐渐积累，不过结合达摩院的努力和自身云服务优势，它仍完全可能成为中国科技公司中的元宇宙重要领导者之一。

3.9　字节跳动借助元宇宙加速媒体转型

从字节跳动对未来元宇宙的布局来看，主要包括 VR 设备入口端和 3D 游戏两个方面。这两个方面的布局已经囊括了元宇宙早期入口和中期的社交游戏爆发方向，和腾讯的布局非常接近，说明字节跳动长期挑战腾讯的战略方向并没有太大变化。

2021 年 8 月 29 日，Pico 披露该公司被字节跳动以 90 亿元的价格收购。这个收购被赋予的意义是整合字节的内容资源和技术能力，在产品研发和开发者生态上加大投入，目标是从 VR 展开形成更强大的 3D 虚拟社区。

除了收购 VR 设备企业，字节跳动也在 AR 关键硬件入口上押注。2021 年 10 月，字节跳动成为光舟半导体的新晋股东。光舟半导体是一家光波导系统提供商，拥有半导体 AR 眼镜硬件产品。有媒体称此次投资光舟半导体或是字节跳动在元宇宙领域的又一布局。

张一鸣的另外一个元宇宙投资大手笔是对游戏开发商代码乾坤投资近 1 亿元。代码乾坤成立于 2017 年，其王牌产品《重启世界》是乐动卓越创始人邢山虎继《我叫 MT》系列产品后的二次创业项目。《重启世界》基于代码乾坤自主研发的互动物理引擎技术系统开发，由具备高自由度的创造平台及高参与度的年轻人社交平台两部分组成，致力于满足用户的游戏娱乐体验。在游戏中，玩家可以使用多种基础模块，或变形或拼接制作样式各异的角色、物品及场景，而组装好的素材可以获得与真实世界相似的物理特性。这个模式本质上和 Roblox 类似，也是一个超大型世界的构建类游戏。

此外，也有消息表明，除收购和投资之外，字节跳动于 2021 年 9 月在东南亚发布的元宇宙社交产品 Pixsoul，其设计虚拟形象应用的最终目的也是打造沉浸式虚拟社交平台。同时，字节跳动内部还开启各项游戏自研计划，品类涉及休闲、超休闲、中重度游戏等。此番意图很明确，在腾讯的核心阵地游戏领域与之展开正面较量。

综合以上三条信息，可以很清晰地看到张一鸣战略布局的背景以及背后的战略思考。从背景上看，目前字节依赖的抖音和头条，都是赚信息流的钱，享有互联网从文字、图片、视频升维到短视频社交的一个巨大红利，但本质还是流量生意。流量生意有强烈的新闻属性，会不可避免地成为重度监管的对象。而且流量生意的广告发展趋势达到顶峰之后，一定会出现增长缓慢的问题，这是经济环境决定的。所以，字节跳动很难从媒体属性越来越浓厚的抖音、头条上获得更大的战略布局，会面临很大的挑战。而延伸这两个方向向产业科技方向发展，游戏则是下一个蓝海。

目前，字节跳动的战略还有一个重大的缺陷，就是比较聚焦互联网媒体属性，在产业科技方面缺少垂直的战略纵深和研发基础。 头条、抖音这样的产品除了后来被定义的 AI 推荐算法之外，实际上还是一般意义上的互联网项目。由于字节没有百度这样对于云业务、智能汽车业务的布局，对产业类 AI 的积累还非常少，所以很难突破纯产业类科技形式。

但在这个时间点布局元宇宙对于字节跳动的转型来讲恰逢其时。 VR 和 AR 这样介于纯互联网和硬件产业之间的切入点，是适合字节跳动的发展方向，并且可以牵引其多维度的产业科技研发。从长远来看，拥有流量基础的字节跳动，一旦形成了高黏性、沉浸式的社区构建能力，将降低用户转移成本，这也是字节跳动布局元宇宙的优势所在。

不过显然元宇宙对于内容的构建模式、价值分配体系和字节跳动传统的思维差别巨大，抖音和头条虽然让很多参与的 MCN 和网红获得了极大的回报，但这些人本质上还不是高质量内容的生产者。如果用元宇宙思维跨代形成新型的信息和数据沉淀，在某种程度上可以解决字节跳动目前面临的内容升级挑战。

从字节收购和投资的方向上看，如果对比腾讯，字节跳动似乎也是一个后来者的追赶逻辑，未来双方进一步碰撞的概率加大。真正的看点就是围绕元宇宙谁能更好地展开前沿科技的垂直研发矩阵，谁才可能成为真正的王者。

3.10　KMD 和"造车三剑客"的元宇宙战略畅想

KMD（快手、美团、滴滴）和造车三剑客（蔚来、小鹏、理想）都是目前广受关注的产业明星，但这些公司都没有明确表达对元宇宙的关注。

以美团为例。美团目前在元宇宙领域并无大动作，这主要是因为元宇宙主打的虚拟空间与美团本地生活服务模式难以兼容。但美团仍然在积极地进行探索，继百度地图、携程、口碑、飞猪、去哪儿网等互联网平台陆续开通 VR 全景上传端口之后，美团也打开了 VR 全景上传端口，供商家们展示自己的店铺。未来能否在虚拟空间中全景展示线下店铺，让用户戴上 VR 眼镜足不出户就可以参观和体验线下店铺，或许会成为美团下一个发力点。

为何把这几家公司单独列出来讨论呢？背后的原因有三点。

一是这些公司都拥有大量的用户和客户，快手、滴滴、美团自然不需要过多解释，造车三剑客，以蔚来汽车为代表，也已经拥有了广泛的用户基础，并且热衷于打造用户社区，这些都是传统制造业公司不具备的互联网能力优势。用户运营思维是元宇宙的最基础的要素，所以以上多家公司提出相应的元宇宙理念是大概率事件。

二是这几家公司都有很强的 AI 能力，智能化的趋势必然要求商业模式创造更大的数据集以支撑 AI 深度学习，元宇宙自然是其中的一个重要选项。

三是在联动司机、商家或者车主的过程中，一个新型交互和显示方式不仅可以保证用户黏性，还是一个新型的工业管理方式。

但不同公司的基因和用户/客户服务机制不同，这决定了这些公司切入元宇宙的商业模式或者表达方式也会不同。这里我们不妨"喧宾夺主"，根据每家公司的特点以及我们对元宇宙的理解，做一些有趣的畅想，帮助读者理解元宇宙商业模式的适用性。

（1）滴滴未来交通星球畅想

滴滴未来交通星球是一个超大型交通探索元宇宙社区，也是一个由机器人和专业司机共同解决交通问题的庞大元宇宙社区。它通过更加逼真的3D技术建模形成的城市样貌，在更高效的计算中心支撑下，可以为车主提供行驶的3D全场景展现。同时，它可以为虚拟游戏玩家提供基于真实路况虚拟信息的行驶游戏体验。对于打车用户而言，在进入虚拟场景后，他可以通过3D对话的方式进行交流，输入系统目的地之后，可以通过更加强大的AI高效匹配系统中相同方向运行的车辆，进而选择搭乘的车辆。

由于未来交通星球已经拥有80%以上的机器人智能汽车，真人司机的职责已经从亲自驾驶变成在家里监控和管理自动驾驶车辆，并在特殊情况下为乘客提供帮助。从繁重驾驶体力劳动中解放出来的监管司机，被系统安排了更多的学习任务，用以辅助乘客获取工作和生活中需要的资讯。乘客在进入滴滴未来交通星球的汽车机器人空间之后，不仅可以放松地与远程监管司机交流，还可以通过未来交通星球的内部管理系统的记忆功能，在空间中获取娱乐或者学习的全新体验。

（2）美团劳动者社区畅想

美团劳动者社区是一个倡导劳动光荣、劳动改变世界的元宇宙社区，为美团小哥提供了一个全新的工作使命，即训练机器人送货员，每一位小哥负责训练一个机器人，这个机器人主要是机器狗模式，其负重是人类送货员负重的 10 倍。美团劳动者社区的目标是培养 60% 的机器人送货员，并且由送货小哥远程控制和监督服务，这避免了共享单车的无效使用和浪费。同时，劳动者社区为美团小哥提供了虚拟世界的多种课程，帮助他们掌握更多专业知识，这些专业知识对他们提高收入起到决定性作用。美团劳动者社区，因为对机器人的广泛训练，成为输出高智能机器人的重要商业模式，也使美团从一家服务型公司逐渐变成了掌握机器人技术并且销售高智能机器人的全球重要产业科技型公司。

（3）快手智慧生活城邦畅想

快手智慧生活城邦是一个致力于让人人都有机会成为艺术家的元宇宙社区，它的使命是让艺术家成为 24 小时陪伴天使，为普通人在虚拟世界中展现和丰富人格提供全新舞台。由于传统短视频业务带来的海量用户，快手中大量的主播采用了虚拟形象并且更专注于专业研究。传统的美甲师在现实世界的业务之外，增加了为虚拟人设计美甲的全新业务。该业务被推广之后使得行业空间放大了一倍以上，开创了一个艺术和服务融合的全新产业。由于这个生活城邦中每一个艺术创造都拥有 NFT 类似的知识产权，所以大量普通工作者拥有了和大公司竞赛的专利体系类似的知识产权体系，很多美甲、发型师等行业的从业者都成为社区里最受欢迎的艺术家。而一部分主播选择训练虚拟机器人，这是一份需要长时间投入和训练的工作，主要的内容就是赋予机器人更深刻的情感，以及定位歌唱艺术风格。一旦这个虚拟机器人歌手训练成功，它不仅可以在生活城邦中开办全球性演唱会，也可以24小时与歌迷沟通或者提供多种服务。快手智慧生活城邦创造了数以万计的可以24小时陪伴每一位粉丝的超级巨星，也成了新型的艺术、文化中心。

（4）蔚来星际传输联盟畅想

蔚来星际传输联盟是一个邀请用户车主广泛参加，并且和工厂实现柔性生产联动的B2B全仿真元宇宙制造社区。蔚来发挥其长期和客户互动的商业模式特长，给予用户通过创造工具定制汽车的权力，使得每一位用户都可以用专业设计工具设计、定制汽车，并且监督柔性制造机器人的生产全过程。通过这种方式，用户可以参与设计符合自身特点的智能电动车，无论轿车、房车、飞行器、车辆住宅都是其可以选择的方向。同时，蔚来的这个创举，吸引了世界上几万名顶级造车工程师在全球范围内协同创造和生产。从某种程度上说，这个星际传输联盟是与Roblox一样的创造元宇宙，它通过C2F2C（用户—工厂—用户）的方式实现了高端制造业的社会化升级，并且极大地扩展了智能汽车的应用范围，对汽车的理解也深化到机器人、空间基础设施的程度。蔚来最大的一个改变是它通过传输联盟切入和百度、滴滴等公司竞争无人驾驶运营等生意之中。

实际上蔚来汽车也已经有了落地中的元宇宙布局。在2021年12月的NIO Day上，蔚来发布了全新车型ET5，这款全新的智能电动轿跑突破性地从硬件、软件到内容，为车内数字体验进行了原生设计，其中最为引人注目的就是被称为"前所未有的车内全感官沉浸体验"的蔚来全景数字座舱，并首次引入AR设备。这款与 AR 科技企业 Nreal 联合开发 NIO ET5 专属的 AR 眼镜，也是 Nreal 首次为车企量身打造的车享版 Nreal AR 眼镜。这款眼镜的定位是整合车内音响和娱乐设施，给车内用户带来安全感和愉悦感的私人娱乐空间。这个元宇宙 AR 切入点虽不宏大，中规中矩，但具备极强的科技领导力。

（5）小鹏星际飞行基地畅想

小鹏星际飞行基地是一个面向星际探索的元宇宙训练设施，在小鹏的汽车、飞行器被广泛装备之后，训练面向智慧城市的自动驾驶监督员以及驾驶无人飞行器的远程驾驶员成为一项重要的工作。这个工作由于自动驾驶的特殊性，只有在元宇宙全仿真环境中训练才能更加高效。而且这个空间飞行基地充分体现了元宇宙社区的娱乐精神，由于详细输入了银河系的星系特征，使得参与者在模拟游戏中可以飞向更深远的宇宙空间，这让他们大呼过瘾。同时，在这个模拟的元宇宙环境中，更加炫酷的空间飞行器概念形态吸引了很多年轻人的眼球，很多自愿者通过元宇宙远程协作参与了空间联合舰队的打造。这个舰队在元宇宙 XR 应用的全仿真形态中，可以模拟星际战争的真实场景，也为人类面向未来潜在出现的星际战争提供了类似《安德的游戏》的模拟训练基础设施。小鹏飞行基地同时也具有星际联盟的资质，与特斯拉火星基地等实现数据联动，成为探索星际飞行的最前沿元宇宙应用。

（6）理想城市高能实验室畅想

理想城市高能实验室的一个主要目标是通过仿真方式探索地球能源的高效利用模式，也是为数不多的集科学研究、智能制造和化学合成应用等功能为一体的元宇宙科学空间。理想在某种程度上希望通过这个元宇宙社区，成为新能源时代的丰田汽车，最大限度地计算智能汽车、空间飞行器的能源需求，在元宇宙环境中全球性协同研究能源和信息革命的底层技术。城市高能实验室模拟了一个科学家城市，每一位参与其中的科学家和研发人员都可以定制自己的住宅、交通器和服务机器人，为元宇宙仿真工业应用开辟了全新的创新模式。

以上这些大胆的畅想蕴含了对元宇宙产业应用模式的一些思考，这里不仅包括用户新型管理方式、工作协同、产业智能制造，也包括打破公司边界的行业协同方式。我们希望探索元宇宙商业模式的广泛适应性，将更多人凝聚在共同价值主张之下，实现跨越地域的高效连接和交互。

从这个意义上说，元宇宙并非互联网公司的专利，长期来看，除大型游戏和社交元宇宙社区之外，产业层面细分行业的元宇宙创新也必将如雨后春笋般发展起来。

第 4 章 C H A P T E R 4

战略：元宇宙生态战略如何展开

扫描二维码，
收看章节导读视频

核心观点摘要

■ 元宇宙战略展开

元宇宙战略展开早期需要从公司实际情况出发选择入口，无论元宇宙设备、社区、游戏、虚拟人还是消费电子等入口，最终通过元宇宙商业模式指向的元宇宙形态具有一致性。元宇宙战略是超大型系统战略，需要基础技术积累和业务创新平行展开。

■ 元宇宙商业模式

元宇宙商业模式在本书中特指致力于建设元宇宙的公司采用的商业形态。经过大量数据积累后，因为价值主张带来的聚集效应改变数据混沌状态并形成数据奇点后，超越大爆炸临界点将诞生真正的元宇宙，所以元宇宙商业模式一般指向无限特征，指向新型的海量数据生产机制。

■ 混沌数据

在元宇宙形成之前，互联网行业的元数据积累往往是零散和混乱的，并且缺少明确指向性，也就是处于数据混沌状态，即个人创造大量零散和低价值信息、数据，公司和机构垄断数据，社会上存在大量无用数据。从底层来看，解决混沌数据问题是元宇宙商业模式的重要着眼点。

■ 数据的价值主张

价值主张是元宇宙正式产生之前、数据奇点高度凝聚后的形态，没有价值主张指向的数据聚集对于元宇宙形成没有意义，而价值主张的根本指向对个人而言往往是一种价值观和生活方式，对公司和机构而言是一种驱动特定领域用户聚集的独特主张，对社会而言需要一种清晰的社会化应用场景。当互联网公司进化到元宇宙商业模式后，其吸引用户的主要理由将从实用转向价值主张创新。数据的价值主张在元宇宙商业模式中也往往升级为平台或者元宇宙公司的价值主张，它与传统互联网商业模式中价值主张的最大的差别在于，元宇宙商业模式的价值主张对于吸引用户参与起到决定性作用。

■ 元宇宙多角度形态

元宇宙的主要形态是"虚拟＋现实"技术融合的超大型 3D 主题社区，从个人用户角度更多体现为 3D 游戏、社交网络、虚拟人、区块链创新、VR 等设备应用，从公司和机构角度更多体现为办公效率工具应用和企业级仿真数字孪生引用，从社会层面更多体现为仿真的 3D 系统，从第三方经济系统角度更多体现为数字资产的载体。

目前元宇宙对于绝大多数行业来说可能都是一个创新思维概念，会有一个循序渐进的认知和展开的过程。我们把元宇宙的发展定义为三个阶段：早期主要是对"元宇宙入口"的争夺，这势必形成进入元宇宙的六大核心入口的产业共识；中期将是元宇宙在多个场景的应用，这个时期会产生多个创新创业热点和稳定的商业模式指向；后期将带来科技文明的重构，以及促进硅基创新和碳基创新的深度融合，这意味着更多集成创新和融合创新的可能性。而从大逻辑来看，元宇宙大爆炸必然带来创新大爆炸，无论落地为生活方式的 B2C 应用，落地为仿真系统的 B2B 实践，还是成为仿真的 B2G 应用，元宇宙在数据奇点之后带来的数据膨胀将酝酿多个新机会。本章将从元宇宙公司顶层战略构建框架出发，从一家有远大元宇宙理想的公司角度提出构建元宇宙系统生态的战略图，并分析由此带来的多种切入点和商业机会。另外，区块链创业在元宇宙中是一个重要落脚点和支撑点，比特币和以太坊都有构建元宇宙生态的能力，但在超级公司构建元宇宙经济系统时，现有的虚拟货币系统可能只是选项之一，虽然区块链、NFT 的根本理念对于元宇宙有一定价值，不过，我们判断元宇宙应该是一个重型产业创新的展开方式。

4.1　元宇宙大爆炸的战略逻辑抽象

理解元宇宙，有一条重要的"AI+ 数据"的线索（包括数据的演进和变化），这个底层逻辑需要进行高度的抽象。

人们的生活往往是充满苦恼和疑惑的，无论是一贫如洗还是富甲一方，每个人都需要在充满不确定性的世界中寻找和创造熵减的有序。也就是说，每个人的生命的核心价值从某种程度上说就是从无序中寻找有序。这也是目前流行的"熵减"管理理论告诉我们的。

但人们对主观世界的认识往往是多头绪的、混乱的。有时候，我们对微观世界的理解存在误差，是因为每个人都习惯性地忽视微小变化；有时候，我们对宏观世界洞察肤浅，是因为每个人都对大时代的到来和长周期发展进程信心不足。当然，也有很多超越平凡人认知水平的人，他们总能从更高的维度来看待问题和挑战，他们也许掌握了更多信息或者数据，能更理性地判断过去、现在和未来。

从某种意义上说，信息时代让更多人平等地认知世界。信息时代对普通人来讲，最大的价值莫过于通过信息的对称获得了一种认知的平等机会，这是由技术根本性变革引发的。在 AI 更深入地获取高质量海量数据并且逐渐向奇点迈进的过程中，数据也正在创造人类衡量世界的全新标尺，并且拥有了极其精确的分辨度。所以说，无论人脑还是 AI 的进化，本质上都是基于数据实现的。

下面我们先从数据思维切入，站在战略思想的高度拓展一下对元宇宙的认知。

4.1.1　元宇宙与宇宙大爆炸对比

用"大爆炸"来形容元宇宙，一方面表明我们对于元宇宙创造新世界的价值认知，另一方面也是对其爆炸式发展机理的描述，同时也表达了我们对于元宇宙不可逆地快速发展的乐观态度。

宇宙的历史很长，据科学家计算约 138 亿年，宇宙的空间超越人类的认知范围，直径据称达 1600 亿光年。目前对宇宙诞生的主流认知是大爆炸理论，即宇宙是由一个密度无限、质量无限的点爆炸所形成的，而这个点也被很多科学家认为是星系坍塌形成的黑洞聚集而成的，甚至是一种质量高度集中的虚无。无论纯粹的虚无，还是一个无比强大的点，从无到有、从小到大的引爆效应都可以带来一个宇宙的诞生。

有了大爆炸，才缓慢地发展出了地球上人类的文明星光。与浩瀚的宇宙相比，或许人类文明就是一粒沙上的世界。所以从根本逻辑上讲，这个世界本身就是宇宙大爆炸结果演绎的一部分，

物理世界、人类社会和信息世界的根本逻辑和宇宙大爆炸的逻辑
应该是一致的。

对比来看，它们的逻辑确实存在共性，即元宇宙也是在数
据高度聚集并且形成清晰的价值主张前提下才能成为拥有无限密
度、无限质量的数据奇点，这个点爆炸后引发新数据膨胀，而这
个"元宇宙大爆炸"就是元宇宙诞生的基础。这个洞察和判断实
际上在现实之中广泛存在，例如我们发现互联网公司创业的价值
主张实际上越来越聚焦了，这种聚焦在某种程度上说也是为了获
得无限密度的数据。我们也看到一个商业模式高度聚焦之后，往
往会引爆一个行业，让其战略纵深，很多大公司都是从一个很小
的点的引爆开始崛起的，这和若干年前追求大而不倒的逻辑完全
不同，是目前风险投资主要的投资逻辑。

综上所述，如果我们认同宇宙大爆炸的过程是基于数学模型
的物理学推理，那么就很容易理解元宇宙的"数据 +AI+ 计算"
的大逻辑了。

4.1.2 元宇宙与数据认知进程对比

消费互联网时代，信息为王，无价值的信息越多，我们做
判断时受到的干扰就越多，而高质量的数据越多，数据就越有价
值。信息创造需要更多人参与，数据是从信息中提炼或者直接获
取的便于机器理解的内容。

在产业互联网时代，IoT 获得的数据是产业互联网最具核心
价值的数据。

而元宇宙大爆炸理念带来的是真正的系统元宇宙学说，无

论消费互联网的用户信息，还是产业互联网的 IoT 数据，在真正的元宇宙之中都是海量数据的一部分。也就是说，元宇宙将成为像宇宙一样浩瀚的巨大数据空间，一个彻底数字化的世界，时刻在膨胀和发展之中，可追溯过去，可推理未来，并且没有中心。

4.1.3　元宇宙与数据发展基本规律对比

元宇宙理念并非是将现实世界的前沿科技成果简单整合并夸张演绎，而是在消费互联网、产业互联网发展到一定阶段之后，在算力、AI、通信等技术进步支撑下对未来"虚拟 + 现实"文明形态的极致展望，这背后必然体现了产业趋势、公司战略、品牌实践、创业机会和社会治理等多方面的变革。

从价值角度来看，元宇宙体现了大型科技公司生态型增长的需求，也为中小创新企业带来了新平台孕育的机会。"元宇宙大爆炸"是本书提出的一个元宇宙产生机制的创新理念，绝大多数元宇宙商业模式需要通过价值主张的"大爆炸"催生元宇宙这种全新的文明形态，没有"大爆炸"带来的数据膨胀，就没有真正的"元宇宙公司"。

元宇宙产业发展的大逻辑实际上还和数据生产机制紧密相连。在元宇宙时代，Roblox 这样的内容生产工具提供商必不可少，它们为元宇宙提供内容加工工具。从元宇宙产品形态来看，传统手机和电脑等消费电子厂商最终都将开展 VR、AR 元宇宙业务，形成互联互通等数据共享机制，并且消费电子公司的界定也许会更加模糊，因为 Meta 也会开始抢食苹果的元宇宙设备份额，而微软、谷歌都会试图在设备上分一杯羹。从元宇宙的数据传输机制来看，区块链理念能在某种程度上解决数字资产安全问题，因此可能会成为风险投资重点关注的领域，目前红杉、软银的很多投资都表明它们非常看好区块链对于元宇宙数据安全起到的核心作用。诸如以上，我们发现元宇宙产业的展开都是围绕新型数据生产机制，这也验证了本书的核心观点——元宇宙是彻底的数字化。

以上分析表明，元宇宙作为互联网的终极形态，确实起到了再造数据生产机制的作用，将海量、无序、所有制不清晰的数据沉淀之后，元宇宙商业模式引爆了元宇宙的创新征程，最终将完成所有行业的再造和升级，这是一个符合现实和未来推理的逻辑。

从这个角度看，目前价值主张清晰的数据确实在积累大爆炸的能量；元宇宙商业模式也在寻找这样的大爆炸机会，创造全新的元宇宙数据膨胀机制，而这个新型数据机制最终将为 AI 的快速进化提供历史性机遇。

换句话说，从"AI+数据"这个简单角度来理解元宇宙诞生的客观历史必然性、发展逻辑和特征，让我们对这个世纪趋势的战略性认知更加清晰和简单了。

4.2 元宇宙早期、中期和后期的 3 个阶段性特征

从数据视角了解了元宇宙战略，我们就可以比较容易地推理出其发展阶段。

4.2.1　元宇宙发展的 3 个阶段

从元宇宙商业模式演化的角度看，我们可以将元宇宙的发展分为 3 个阶段。

（1）早期

在早期阶段，元宇宙更多是从入口角度展开的战略布局竞赛，不同公司根据自身的能力特点选择差异化的入口，这应该是一个百花齐放的阶段，不过这个阶段大概率会形成共识性的入口方式。换句话说，不同公司的元宇宙商业模式都将在早期阶段确立属于自己的最合适的一个或几个入口。早期阶段也是入口选择阶段。

（2）中期

元宇宙商业模式完善和成熟之后，产业巨头的超大型元宇宙展开，中小型行业场景元宇宙开始形成，大概率会出现和云服务竞争类似的场景争夺，这也和 AI 从 B2C 到 B2B 的场景泛化现状类似。在中期阶段，元宇宙商业模式已经完成了构建元宇宙的历史使命，此时商业模式也将固化下来，如何应用于商业实践并落地商业竞争则是中期的核心命题，所以元宇宙中期最终还是会落地到具体的商业形态的开发上，这也符合技术创新引爆产业变革的基本规律。

（3）后期

在后期阶段，我们倾向于认为元宇宙会带来硅基文明和碳基文明融合的深刻变革，大概率会出现多种形态的融合创新，主要特征是大格局展开和小切口机会涌现。从元宇宙发展的长期愿景来看，我们认为最根本的战略逻辑实际上相对于商业繁荣、商业成功这个普遍商业追求又上了一个台阶，最终必然站在文明融合的高度对现有文明进行改造。所以，这一点也是我们认知元宇宙产业革命的重点，这完全超越了商业成功，升维到了全新文明的高度。

下面将从这 3 个阶段的战略研究模型出发，分别介绍我们对此的研究。

4.2.2　早期：6 个入口产业

从公司构建元宇宙战略的角度来看，早期阶段最重要的就是完成两个关键任务：一个是形成系统支撑机制，主要是技术能力积累，另一个是选择一个或者多个元宇宙入口作为商业模式的主要切入点。

在元宇宙的早期阶段，有 6 个入口产业值得关注，如图 4-1 所示。

这 6 个入口产业之所以是核心的产业形态，根本原因在于它们推动元宇宙在信息时代之后采用全新的交互方式，也就是多维交互，并且这 6 个产业都具有通过新型的创造工具创造内容和数据的特点。元宇宙不只是高水平的交互，更是高水平的3D 交互。

这 6 个入口产业中的每一个都可以构建系统的元宇宙商业模式，并最终形成一个超大型的元宇宙社区，可谓"条条大路通元宇宙"。下面进行详细的拆解分析。

元宇宙"5个支撑机制"框架		早期元宇宙 "6个入口产业" 框架					
		区块链产业	交互设备产业	社交网络产业	游戏产业	消费电子产业	虚拟人
应用服务	起于游戏 消费元宇宙 产业元宇宙	去中心化 智能合约清结算	AR、VR、XR 3D渲染 多用柔性屏	新社交网络 5G 6G网络计算能力	游戏 3D游戏引擎 社区化激励	云手机账号 一致性语言 体感OS跨屏应用	智能AI 数字分身 虚拟形象
治理机制	中心化智能 分布式智能 社区自治	数字资产 智能合约	AR、VR、MR、 超级视频Zoom等 跨平台应用	数字学生 全要素社区 数控制监	装备设计 动漫周边产品	手机、手表、 PC、Pad、电视 等多屏	智能服务 数字学生 机器人智能
经济交易机制	数字交易 智能合约 激励机制	智能合约	开放交互 标准和协议	新社区规则 行业监管 共享协议	游戏监管 游戏分级	语音 体感OS 新型App Store 管理	人机共生规则 科技伦理
技术协同生态	区块链 交互技术 AI技术	NFT及智能合约	IP授权机制（包 括语言虚拟(IP)）	数据分配 计算分配 智能分配	数字资产 交易市场 应用内交易机制	内生态币 支付场所 数字资产	产权身份 价值归属 数据资产
算力共享生态	智能网络 端边云智能计算 IoT智能	公链、侧链和跨链 分布式存储和跨 布式计算	软件授权使用 硬件方案购买 创造工具	多维交互 AI智能资产 创造工具	创造工具 周边资产 3D渲染染等	共享协议 开放生态 开源创造工具	语言交互 机器人技术 协同进化
		基于区块链的 分布式存储和分 布式计算	移动端 边缘及云算力支持	计算中心 端边云态	计算中心 端边云态	多屏协同 算力共享	跨平台数据共享

图 4-1 早期元宇宙 6 个入口产业（见彩插）

1. 区块链产业

区块链技术提供了去中心化的清结算平台，智能合约、DeFi、NFT 以及以 DAO 为核心的治理模式是一个系统的产业架构，目前区块链行业已经出现了惊人的快速发展势头。而且 2020 年之后，区块链领域的创业者的年轻化趋势更加明显，很多在传统互联网行业成熟的商业竞争中找不到机会的年轻人开始加入这个产业。目前区块链相关创新领域的创业者的平均年龄在 30 岁以下，这或许也是这个产业高度繁荣的一个重要原因——年轻人在通过"边缘创新"的方式构建属于自己的系统性机会。

吴军在 2019 年出版的《全球科技通史》一书中对区块链有一段很客观的论述："从理论上讲，利用区块链能解决今天在互联网、数据和商业上遇到的很多问题，但是从技术上讲，以比特币协议为代表的第一代区块链技术还有很多缺陷，比如交易成本极高，虽然宣传区块链的人总说交易成本很低。如果我们说人工智能代表一种生产力，那么区块链更多的应该被看成一种生产关系，而不仅仅是一种虚拟货币的载体。作为生产关系，它需要重新定义生产关系中的三个要素：首先是所有制形式的改变；其次是分配制度的改变；最后，在经营活动中，各方的地位和关系更加合约化。"从吴军的角度来看，区块链作为一种生产关系的定义机制，在元宇宙中必然发挥非常核心的作用。

延展宏观判断，从入口角度思考，这里面最可能出现的入口形态可能有三个机会。

第一，通过区块链技术构建一个相对简洁的虚拟社区，社区强化虚拟资产和经济系统，对多个大型元宇宙社区有一定的兼容性。

第二，通过一些小切口的技术形态，比如虚拟人的数字艺术品发行、元宇宙地产的运营，对接多个元宇宙，形成小而美的数字资产运营形态。

第三，通过虚拟货币连接元宇宙，但这方面会受到国家监管，存在很大的不确定性。

总体来看，区块链产业目前并不具备构建大规模元宇宙基础设施的能力，除非比特币和以太坊的系统上出现超级巨头参与社区构建。在交易、金融和数字资产方面进行灵活创新并获取大量用户可能是明智之选。

2. 交互设备产业

交互设备应该是早期元宇宙竞争最激烈的赛道，理论上每一个超大型元宇宙商业模式必然会有新型交互设备来对接入口。这里的交互设备主要是指 VR、AR、XR 三种形态，当然也包括MR（混合现实）。

在交互设备厂家中，国内拥有制造核心技术的歌尔股份是一类，应用设备展现内容的 Meta、苹果、华为、OPPO 等公司是一类。这两类公司在早期呈现的是合作和竞争同时存在的竞合关系，合作点是设备的生产，长期竞争点是对元宇宙社区属性用户的争夺。

由于构建大型元宇宙架构需要拥有打造游戏和社交网络的综合能力，所以传统的交互设备厂商构建出超大型元宇宙系统的可能性并不高，毕竟这是一个高门槛的内容和用户运营的生意，但在交互设备消费电子领域却有可能诞生引领潮流的重要公司。当然，交互设备产业还可能出现高通、英伟达这样的芯片巨头主导生态的可能性，作为兵家必争之地，VR、AR、XR 交互设备形成消费电子价格战是大概率事件，设备的门槛降低之后，注定会有更多的互联网社区元宇宙化。另外，当前人们对 MR 的混合现实体感装备的重视程度可能还不够，未来注定会有大量传感器巨头深度参与。

3. 社交网络产业

社交网络产业逻辑上应该是元宇宙的主战场之一，不过因为目前社交网络公司已经被高度垄断，最终必然还是几家巨头争夺新入口。从 Meta 开始开启的社交网络时代发展至今已近 20 年，本质上并没有实质性的架构升级，只是越来越庞大，连接越来越广泛，应用越来越丰富。腾讯的微信架构的大规模升级创新也是非常少的。但无论扎克伯格提出的元宇宙设想，还是腾讯的全真互联网理念，都指向超大型元宇宙"虚拟 + 现实"世界的打造。这个世界里面的交互技术会更加全面、立体，使得用户在其中的沉浸感必将颠覆以文字、图片和视频等元素为主的传统社交网络所能提供的。

在社交网络产业中，3D 智能虚拟引擎也是巨头们的一个投入重点，比如百度的希壤就是从这个角度切入元宇宙，腾讯微信从长期来看也完全有可能采用这样的方式形成独立于微信的虚拟引擎，未来通过微信入口导入流量并逐步发展壮大是一个明智之举。类似的引擎应该会踊跃出现，不过这主要还是从技术角度展开新型社交，未来需要一定时间来检验用户体验和用户运营能力。

机器人在新型社交网络中必将"大行其道"，机器人的三种形态也应该在元宇宙社交中都有展现。比如第一种形态的"虚拟人"，在 AI 的支撑之下不仅可以提供很多智能服务，也可以形成超级偶像并创造一种潮流，我们之前看到"初音未来"这样的虚拟偶像还是割裂于社交属性的 3D 升级版形象。在未来的新型元宇宙社交网络中，虚拟人超级偶像大概率会成为可以与千百万人即时交互的全新元宇宙服务应用。第二种形态的"孪生数字分身"就是每个真实的人在虚拟世界中的形象，这也是可以想象的普遍场景。第三种形态在前文中论述过，实际上就是真实的机器人在元宇宙社交中的孪生数字分身，这意味着机器人主体加入元宇宙社交之后，实际上创造了人机共存的新景象。

4. 游戏产业

元宇宙与游戏的连接程度，同它与社交网络的连接程度一样紧密。元宇宙兴于游戏，但将成于产业，达于生态，终于文明。这个说法并不为过，游戏与社交网络的区别目前只在于二者的功能性上的一点差异，游戏的娱乐性更强，而社交网络的信息交流需求更突出，但在游戏产业拥有几乎一致的世界观形态并提供更多公共服务和开放平台接口之后，两者的差异将极大缩小。特别是目前元宇宙游戏和社交都强调应用 VR、AR 等设备，未来两者大概率殊途同归。

游戏化的经济激励系统也将贯穿元宇宙的发展历程，成为驱动元宇宙经济系统的核心，只不过这个激励系统更加现实的发展方向最终大概率还是应用区块链虚拟货币技术，形成更广泛的内外部共识。另外，游戏的 3D 引擎和渲染技术将令元宇宙的用户体验非同寻常，新的元宇宙体验也必将成为游戏公司争夺新用户的核心，其商业模式的纯娱乐性向元宇宙超大型创造生态的变迁，将成为游戏公司转型的核心。

5. 消费电子产业

目前，消费电子产业对于元宇宙的探索已经开始。HTC 在手机方向上虽然已经没落，但它对元宇宙依然雄心勃勃，也是最早拥抱元宇宙理念的消费电子公司之一。目前手机行业的厂家已经开始探索虚拟形象在其社区中的应用，比如华为手机 Nova 9 里面已经出现 "Nova 星人"的身份属性。手机行业未来在生态软件应用上引入元宇宙世界观是可以想象的应用场景。这和目前手机行业对于未来憧憬的单一账号穿透所有设备并形成多设备协议共享的原理相同，当虚拟人有了身份 ID 的时候，必将形成一个立体的全新账号体系。

和 PC 产业操作系统逻辑一样，元宇宙理念是形成一个操作系统级别的虚拟人来统筹多个应用，从趋势上看也极有可能形成一个基于语音对话的下一代操作系统。而 OPPO 这样的前沿科技型消费电子公司同样提出了"万物互融"理念，阐述产业互联网时代的战略，这其实就是在布局 VR 等新型消费电子设备，OPPO 对"万物互融"的描述具有典型的元宇宙风格。

百度有小度消费电子业务。目前从小度智能音箱的语音训练进展可以看出，消费电子行业出现虚拟人统筹应用已经得到用户的广泛认可，所以华为、OPPO 和百度这样的新型消费电子厂家将在元宇宙时代获得更多的商业机会。

消费电子产业与交互设备产业的区别，也许是优先服务现有用户还是优先服务行业合作伙伴，最终这两个行业可能会殊途同归，而且都有可能进一步切入机器人制造行业。因为机器人本质上和消费电子等产业没有区别，且集消费电子之大成，所以，手机等消费电子厂商从自身能力特点出发展开元宇宙应用体验的可能性更大。

6. 虚拟人

可能有一些人会认为把虚拟人作为一个单独的元宇宙入口产业比较牵强，因为元宇宙社交和元宇宙消费电子中都有虚拟人的影子。不过，虚拟人作为机器人的一个分支，确实存在单独作为入口的机会，而且极有可能是最早盈利的一种入口形态。当然，也包括孪生数字分身。

目前电视和网络平台上已经出现了很多虚拟人的应用。湖南卫视推出的实习主持人小漾是电视台推出的第一个虚拟人。另一个受到瞩目的虚拟人叫"柳夜熙"，是抖音上发布的美妆虚拟人，这个微信号的第一条视频就获得了 200 万粉丝的支持。更大数量的虚拟人在 B 站，从数据来看，目前该平台已经有 3.2 万位 VUP（虚拟主播），每月有 4000 多个虚拟主播开播。

由于虚拟人需要进行一些类似动漫的创意抽象，并且需要一定的价值观、故事来打造形象，为中小团队提供了大量创新点，因此是中小型创业公司切入元宇宙的一个合适的入口。当然，微软这样的超级巨头也非常看好小冰这样的虚拟人（已分拆独立），认为这是一个以小博大的元宇宙入口机会。

以上是从入口的角度分析的战略逻辑，也是横向的一个机遇展示。那么纵向来看，元宇宙产业必然需要一个完善的支撑系统，我们将这个支撑系统概括为 5 个支撑机制，这应该也是一个

标配的技术积累和探讨方向。

（1）算力共享生态

未来的产业互联网底层架构中的算力可能会呈现中央云计算、边缘计算和端计算共存的特征，终端的计算能力更多用于维护设备的应用和需要快速反应的内容，边缘计算用于协同局域的计算需求以及和终端设备交互，云计算形成超大型的中央计算基础设施。在 AI 和移动通信等技术的推动下，云端智能在超级计算机的支持下将实现智能水平突破。可见，算力将成为未来各个创新产业的能源类基础，和汽车使用的汽油一样。算力背后的半导体产业必然也是元宇宙形成的根本动能。英伟达推出的高性能计算芯片具有超强的图形、视频和 3D 渲染能力，其最有可能应用的场景就是超大型元宇宙社区。而英特尔高级副总裁 Raja Koduri 也表现出对元宇宙算力需求的关注，他认为：元宇宙的沉浸式计算规模庞大，可供数十亿人实时访问，需要将计算能力再提高 1000 倍。据英特尔透露，他们正在开发专门支持元宇宙的芯片并计划在 2022 年二季度左右发布一系列新的图形处理器，其他关键组成部分包括元宇宙专用算法和元宇宙架构，以及开放的软件开发工具和库。从全球科技巨头对算力的观点来看，元宇宙注定需要一个强大的算力共享生态，也就是支撑元宇宙的最重要基础设施。不过，这也需要从辩证视角来看英特尔作为后来者略带夸大的算力短缺叙述，在量子计算和生物计算蓬勃发展的今天，元宇宙时代用摩尔定律的思维看算力瓶颈，听起来并不完全有说服力。算力最终成为元宇宙发展致命瓶颈的可能性并不大。

（2）技术协同生态

AI、交互技术等技术共同构建了元宇宙技术协同生态。以 VR、AR、MR、XR 为核心的交互技术，目前暂没有形成统一的标准，依然是不同厂家有不同的标准，从长远来看，为了保证元宇宙应用用户的一致性体验，必然需要通过协议形成统一标准。构建元宇宙超大型应用的厂家目前都是拥有非常全面的技术实力的超级巨头，形成多个拥有不同特点的元宇宙的封闭系统的可能性依然很大，而当多个封闭系统之间需要信息交互时，技术协同生态将发挥更大的作用。基于目前多个互联网公司进行的互相开放和数据共享协议，未来元宇宙账号体系的开放和共享会更加深入和多元。

（3）经济交易机制

目前的经济激励模型主要有两种。一种是有一套货币系统，无论是玩家还是元宇宙的参与者都参与其中，可以用法币购买元宇宙的 Token，用 Token 可以在元宇宙里购买很多东西。这种虚拟货币系统目前除了比特币、以太坊之外，大部分并没有金融属性的稳定交易支撑，所以未来元宇宙经济系统大概率将围绕这两者展开，特别是以太坊凭借其开放形态和创新势能，极有可能发展成超大型元宇宙系统。另一种是元宇宙自身设计的激励和货币经济系统，元宇宙的世界里有"边玩边赚"的模式，因此也需要一套自身的权益激励系统。参与者参与其中，做出贡献，累积积分，然后用积分兑换元宇宙的权益。参与者越多、参与时间越长，权益价值越高。这两种模型都可能存在，具体需要看元宇宙社区和商业模式的选择。从 Meta 和 Roblox 的做法来看，大型的元宇宙社交游戏平台还是希望边缘化目前的比特币、以太坊机制，创造自身的经济激励模型，比如 Meta 的 Diem。

（4）治理机制

以去中心化、DAO、智能合约等为核心的区块链技术，通过"共识"实现去中心化自治。目前各国政府都出台了多种措施来治理和监管去中心化的交易和金融行为。

长期来看，元宇宙大型社区的拥有者很有可能与国家治理机构制定共享生态的治理协议，由元宇宙社区统筹设备、内容等多方参与者，与国家治理机构交换数据。这意味着科技公司的治理能力边界实际上在扩大，其与国家法律、治理体系的冲突将加剧。而这又在客观上制约了元宇宙超大型社区的发展，未来可能只有国家认可的少数企业真正能有建设超大型社区的能力，其他中小型元宇宙社区很难承受监管的巨大沟通和应对成本。

（5）应用服务

元宇宙应用可以分为封闭式社区应用和开源平台应用。

前者类似 iOS 操作系统，就是开发者为特定的元宇宙超大型社区运营商开发的应用，也包括在这个社区里构建的资产类内容，类似《第二人生》游戏中的不动产构建。后者类似 Android 系统，可以跨越多个元宇宙社区复用同一内容，或者在多场景中展现相同的应用。

从属性上看，构建内容、参与元宇宙构建和形成元宇宙消费供应商应该是三个最核心的角色。元宇宙内容构建门槛将极大降低，支持 3D 系统的展示会是关键；而参与元宇宙构建，可能会出现 MCN 模式，由多个参与主体承包某块内容或者设施的创建，并且长期锁定资产获益；大量的传统商家会成为元宇宙消费供应商，从这个角度看，元宇宙中出现新型电商也没有悬念。在应用服务生态中，传统应用商店模式和电商模式都会被打破，取而代之的是符合元宇宙特点的新型应用服务生态。

在元宇宙早期的形态中，我们看到 6 个入口的竞争也存在交叉融合的可能，而基础技术的布局是趋同的，这和元宇宙商业模式最后殊途同归构建同样特质的元宇宙的预判一致。

4.2.3　中期：6 个商业热点

在构建元宇宙战略的中期，企业需要清晰定位公司自身的战略重点，也需要从商业化的角度找到符合自身比较优势的商业模型。

我们认为发展中期会出现更加具体的元宇宙商业定位。图 4-2 的模型描述了元宇宙细分行业场景应用的特点。

元宇宙的发展壮大必然驱动新的 B2C、B2B 和 B2G（政府机构相关）的商业模式。理论上，元宇宙具备再造所有 B2C 现有互联网商业模式的可能性，在 B2B 上主要体现在工业仿真、智能控制两个领域，在 B2G 上主要体现在全仿真的虚拟政府和模拟器。

（1）3D 社区（B2C）

元宇宙发展中期的 B2C 应用将从游戏、社交网络发展出超大型 3D 社区，虚拟 + 现实社区理论上可以包含和再造所有互联网模式。社区模式自然也包括游戏社区，是普通用户参与最多的元宇宙模式，也是中期竞争的第一热点。

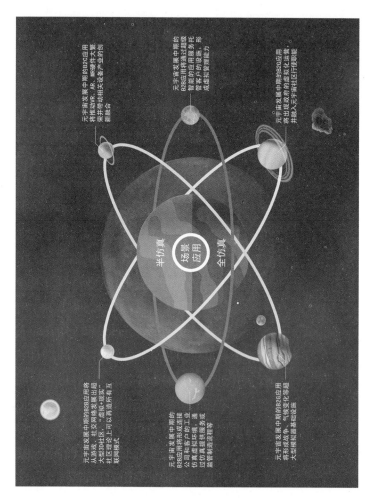

元宇宙发展中期的B2C应用
将推动VR、AR、MR等重大算
索并带动相关设备产业的创
新融合

元宇宙发展中期的
B2B应用将通过提供
智能化应用服务托
管客户的设施，形
成在线管理能力

元宇宙发展中期的B2G应用
将出现政府的虚拟化运营
并纳入元宇宙社区进行搭建

半仿真

场景
应用

全仿真

元宇宙发展中期的B2C应用将
从游戏、社交网络发展出超
大型3D社区，"元宇宙现实"
社区理论上可以再造所有互
联网模式

元宇宙发展中期的
B2B应用将形成连接
公司和客户的工业
仿真虚拟环境，通
过仿真提供服务或
监管制造流程等

元宇宙发展中期的B2G应用
将形成战争、气候变化等超
大型模拟器基础设施

图 4-2 中期元宇宙商业热点（见彩插）

146

（2）设备产业（B2C）

元宇宙发展中期的 B2C 应用将推动 VR、AR、MR、XR 硬件大繁荣并带动相关设备产业的创新融合。设备公司会构建自己的社区，与元宇宙社区公司进行竞争，而另一部分没有能力构建社区的设备厂商将逐渐退居产业链的幕后。

（3）工业仿真（B2B）

元宇宙发展中期的 B2B 应用将形成连接公司和客户的工业仿真虚拟环境，通过仿真提供服务或监管制造流程等。工业仿真大概率会将现在的数字化、智能化推到一个全新的高度，不过从成本的角度考虑应该还是大公司、大客户探讨的范畴。

（4）智能控制（B2B）

元宇宙发展中期的 B2B 应用的公司将通过超级智能的应用服务托管客户的设施，形成虚拟管理能力。在智能控制中应用最广泛的将是办公效率工具，包括元宇宙会议系统、元宇宙流程控制系统等。智能控制实际上也是产业互联网中工业部分的一种立体升级，在工业领域会产生更多的元宇宙化图形管控系统。

（5）全仿真模拟器（B2G）

元宇宙发展中期的 B2G 应用将出现针对气候变化等方向的超大型模拟器。这是政府重点投资的领域，必然成为大国重器。除了政府和机构之外，超大型公司也有可能通过仿真模拟器的方式开展实验研究，包括星际探索研究，这也再次证明了元宇宙作为技术能力不会带来人类文明内卷。

（6）虚拟政府（B2G）

元宇宙发展中期的 B2G 应用将出现政府的虚拟化运营，并且融入元宇宙社区行使职能。这可能是未来政府大显身手的好机会，也会成为技术厂家切入 B2G 项目的一个重点。

从元宇宙中期的展现形态来看，早期的入口竞争告一段落，细分的场景应用和商业模式必然出现，"AI+ 数据"以及"显示 + 交互"将成为这个时代的竞争焦点，数据时代替换信息时代的趋势在这个阶段会更加明显，AI 的进化速度也会跨越式发展。

4.2.4　后期："虚拟 + 现实"孪生进化全景图

元宇宙发展后期，所有大型高科技公司都会突破传统行业划分，成为碳基和硅基平行进化的文明驱动型公司。

从元宇宙后期的发展来看，我们已经很难预测会出现什么样的商业创新，但可以确认"虚拟 + 现实"的融合进化带来惊喜是必然的。

图 4-3 是对元宇宙长期发展趋势的概括，"虚拟 + 现实"的背后是基于半导体的硅基文明和基于生命科学的碳基文明的融合发展。在这个融合进化的过程中，元宇宙能源驱动力和元宇宙智能驱动力是元宇宙发展的两翼。最终，信息、能源两个传统工业革命核心动力必然带来 AI 智能的跨越式发展，进而在机器人主体的智能层面形成硅基文明和碳基文明的历史性交汇。

图 4-3　后期元宇宙硅基和碳基文明融合进化全景图（见彩插）

在这张元宇宙进化全景图中，我们看到硅基创新和碳基创新是多角度交会的，能源和智能双翼的驱动力与每次工业革命的演化逻辑没有区别——之前历次工业革命主要基于能源和信息两个维度创新。也就是说，元宇宙的产业级别创新最终牵引的甚至是超越工业革命级别的文明升维。可见，元宇宙时代体现的已经是文明融合层面的创新形态。

在元宇宙发展的后期，我们认为最有可能出现的一种产业图景是机器人产业和生命科学成为世界上最大的两个产业。

机器人的发展前景广阔，机器人大力发展并在 AI 的助力之下更快融入人类的生活已经是大概率事件。如今在很多场景下机器人都开始替代人类提供一些更加专业的服务，比如在宾馆给房间里的客人送物品，在呼叫中心给用户打电话，在企业网上回答问题，甚至做手术等，这些都是已经有很多成熟应用的领域，未来必然扩展到其他更多领域。

近 10 年来，美国和日本的机器人技术发展非常快，其实机器人早已经成为一些巨头主要的创新方向。2021 年 9 月 28 日，亚马逊秋季新品发布会发布了家用机器人 Astro，售价 999.99 美元，只面向受邀用户发售。在 CNBC 的采访中，亚马逊产品副总裁 Charlie Tritschler 表示，亚马逊认为人工智能和处理器技术越来越成熟，机器人的出现不可避免，且 5 ~ 10 年后会有更多机器人出现在家庭中。

从图 4-3 中我们可以看到，机器人产业牵涉的技术范围非常广，包括半导体、物联网、新型 OS、端智能个人装备控制、移动通信、智慧城市、数据信息等，是一个围绕半导体硅基的重大产业发展方向。而从元宇宙发展阶段的后期特征来看，这些机器人主体在元宇宙中形成接口连接并没有悬念，甚至很多机器人在 AI 技术的支撑下，可以以生命体的形式存在于元宇宙中，形成一种线上线下平行进化的全新形态。毫不夸张地说，机器人将是集硅基文明大成之作，而元宇宙必然在硅基文明能力提升上起到巨大的推动作用。

碳基文明中人类对自身的探索也正在加速进行中。目前前沿领域主要的探索方向大体包括如下几个：脑机接口、抗衰产业、生物制药、基因医疗、抗体医学、人体设备、生命再造等。在碳基文明之中，我们发现探究人类自身奥秘和以半导体为核心构建机器人生命体的逻辑实际上殊途同归，二者都是关于生命的探索，从这个意义上讲确实达到了统一。

在脑机接口、机器肢体、机器人人造内脏等产品出现后，机器人将参与人类器官的辅助支撑和构造。此时，硅基文明和碳基文明将真正交会。这个交会点上，元宇宙彻底的数字化则必然发挥重要推动价值。

在元宇宙发展后期的硅基和碳基文明融合进化全景图中，我们也可以感受到元宇宙推动人类文明进入了一个新阶段。这个阶段超越了传统工业革命的能源 + 信息推动逻辑，使得硅基文明和碳基文明的融合成为中心，而能源和信息更多是以驱动元宇宙的方式继续发挥工业革命式的价值。

在元宇宙后期阶段，马斯克预言的人类生命模拟器确实有可能出现，只不过我们很难评估这个进程是 50 年、100 年还是更长的时间。

4.3 大型科技公司：元宇宙战略的系统框架建议

构建元宇宙，从长期看应该是 BAT 这样级别的产业科技型互联网公司的标配战略。

背后的理由并不复杂，元宇宙已经是全球产业科技巨头的共识，在高通、英伟达这种科技公司的战略性推动下，应用逐渐展开是必然的；Meta、微软和苹果等公司的参与和引领也加速了元宇宙理念的普及。所以，从产业发展趋势来看，元宇宙的进化是不可逆的，因为这几乎是全球所有顶级科技公司的发展共识。

4.3.1 3 种元宇宙商业模式及其特点

那么，大型科技公司如何推动元宇宙战略设计呢？

我们首先从差异化的角度区分 3 种独立元宇宙商业模式主体公司的特点。

第一，用户运营公司：元宇宙商业模式是游戏和社交化的沉浸式社区，适合拥有海量用户基础并且在特定场景中已经积累了具有"价值主张"一致性的数据的公司。如腾讯的元宇宙游戏布局，实际上最终呈现的是用户向元宇宙的迁移。如果用户运营公司的后来者从技术引擎突破，则需要更加重视价值主张对用户的吸引力。

第二，设备生产公司：VR、AR、MR、XR 硬件切入的元宇宙商业模式，比如歌尔声学、OPPO、小米这类公司。这种情况适合缺少大规模用户运营基础的消费类电子公司、医疗等专业领域科技公司，特点是通过沉浸式体验的植入，满足维护用户和升级用户体验的需求，但是并不承担大规模用户运营的压力。

第三，客户服务公司：在企业化应用和工业化运营方面具有一定客户基础的专业解决方案提供商，比如微软这一类科技巨头。微软虽然是世界第一大科技企业，但是并不擅长用户社区的运营，更不擅长硬件的迭代式创新，所以提供解决方案的应用是适合它的战略方向。

以上 3 种元宇宙商业模式的区别依然只是切入点的不同，从最终战略指向看，应该都是"虚拟＋现实""AI＋数据""显示＋交互"的超大型社区形态，所以总体上看，我们认为元宇宙商业模式会殊途同归，无论什么样的起点，构建系统性的元宇宙战略路径基本相同。

4.3.2 "四步走"战略设计思路和方法

我们研究和分析了全球多家顶尖科技公司，梳理出了元宇宙公司战略的构建框架，如图 4-4 所示。

元宇宙商业模式四层战略架构是一个共性的战略逻辑，它从基础设施、交互体验、虚拟应用和产业生态 4 个维度概括了元宇宙战略的构建逻辑。需要指出的是，可能会存在"产业级元宇宙"和"消费级元宇宙"两个方向性差别，另外偏向游戏还是偏向社交也是一个需要权衡的方向，这些基本都和元宇宙商业模式的初始基因有关，应该可以通过战略研究和推敲很快达成共识。

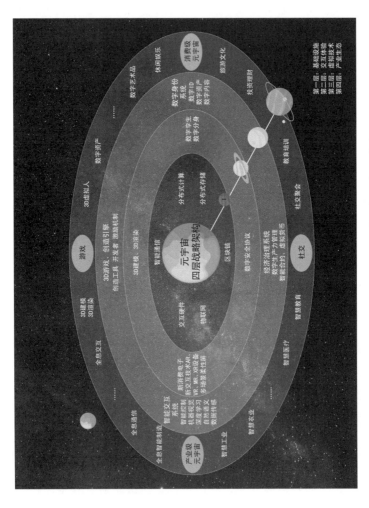

图 4-4　元宇宙商业模式四层战略架构（见彩插）

我们将元宇宙战略构建的路径分为以下四步。

第一步：确定重点投入的具有比较优势的底层技术研发方向

如下几点是我们认为都极具价值，也是大型科技公司可以考虑参与创新竞争的领域。

1）元宇宙操作系统："虚拟 + 现实"的 3D 操作系统（或 3D 引擎）应该是所有大型元宇宙公司绕不开的独立开发内容。

Meta 现在的元宇宙开发重点也是开发全新操作系统。早在 2019 年，The Information 就报道 Facebook 正在开发一种用于 AR 眼镜的新操作系统。在 AMA 现场问答会上，一名用户询问 Facebook 是否真的在开发操作系统时，扎克伯格回答："是的，我们正在开发一个基于微内核的全新操作系统。全新平台将与之前所有平台都不大相同——不仅仅是输入，还包括应用模型、如何发现新事物、需要优化的程度等内容，如果你要开发一个看起来像普通眼镜的设备，你需要对系统进行严格的优化，以便它能在可持续一整天的热封装和电源封装中完成现代计算机所能实现的所有计算，这显然是一个非常大的挑战。"应该说从 Meta 的布局来看，在 iOS 和 Android 之后下一代的操作系统开发是元宇宙的一个重要技术支撑。这方面确实存在着颠覆式体验的机会，也是每个大型科技公司的必备战略重点。

2）AI 技术储备：机器人特别是虚拟人的开发都绕不开 AI 技术的投入和研发，AI 对于元宇宙而言也是核心技术之一，早期的大力投入不可避免。

AI 能力作为基础能力，能极大提升虚拟人的智力，小度、小冰这样拥有高智商且具备高水平对话功能的虚拟人注定会出现。而元宇宙世界中的虚拟人 AI 如果能够通过大量的对话训练拥有仿真的人类对话交流能力，必将对现实世界机器人的进步起到巨大推动作用，最终现实世界机器人在虚拟世界拥有同样的孪生数字分身成为大概率事件。

3）通信技术储备：高效率通信技术对于用户体验至关重要，因此值得在早期大力投入。

华为作为一家世界领先的通信技术公司，对元宇宙也表示出了极大的关注。在 2021 中关村论坛上，华为轮值董事长胡厚崑表示："热议的元宇宙其实代表了整个人类社会对于虚拟和现实进一步融合的一种期待和向往，我们可以想象一下在这种高沉浸度、低时延的数字世界里，我们要更大程度地去还原并且构建一种超越物理世界的体验，这是一个充满想象力的方向。同时，它对我们当前的网络技术和计算技术等提出了更高的要求。"

实际上元宇宙的基础从技术层面来看是共享的数据、计算和带宽，当它们结合在一起时，可以扩展我们作为一个物种能够共同完成的事情的范围。构建完全交互式的 3D 元宇宙，需要海量数字文件。5G 或 6G 的峰值上传和下载速度明显快于 4G，可以处理更大的文件。越来越多的 5G/6G 设备的接入使数字世界拥有了正常运行的速度和能力，进而支持元宇宙持续发展。

4）图形技术储备：图形技术领域虽然已经有英伟达这样的芯片巨头，不过从应用层面开发适合自身元宇宙特点的图形技术、动画捕捉技术等也会产生立竿见影的效果。

人体动作捕捉其实并不是什么新鲜事儿，只是之前主要是通过放置在人体上的装置来实现的，成本较高。英伟达目前的发明不靠昂贵的动捕，可直接通过视频提取 3D 人体模型然后进行生成训练，这不仅是一个技术突破，而且必然会极大地加快元宇宙虚拟世界建设的速度。从目前行业实践的合成效果来看，样本完全可以用在以往只在动捕数据集上训练的运动合成模型上，且在合成动作的多样性上还能更胜一筹。也就是说，不仅省钱，效果也是一流。

英伟达的这个方法通过以下步骤从视频获得人体模型并形成动作样本。

① 输入一个视频，使用单目姿势预估模型生成由每帧图像组成的视频序列。

② 利用反向动力学，用每帧的 3D 关键点形成 SMPL 模型动作。SMPL 是一种参数化人体模型，也就是一种 3D 人体建模方法。

③ 使用基于物理合理性的修正方法来优化上述动作。

使用上述步骤处理所有视频，就可以利用获得的动作代替动捕来训练动作生成模型了。

在未来的元宇宙大型生态平台上，我们可以在增强现实技术的基础上创建完整的世界，体验到比现有的 VR 更真实的体验，也可以创造新的商业模式（例如虚拟服装试穿和汽车陈列室等虚拟购物方式）、创造新的工作形态、塑造新的社交模式，进而带来更多的创新机会和商业机会。可见围绕具体场景的图形技术同样可以作为科技巨头的重点投入方向。

5）交互技术创新：**这是元宇宙的本质特征，因此也是兵家必争之地，差异化创新的机会还很多。**

更好的交互技术为 3D 大型社区和游戏带来可能。VR 和 AR 交互技术的核心还是光学研究，也包括材料、工艺、软件服务等。人体交互技术是制约当前元宇宙沉浸感的最大瓶颈所在。交互技术分为输出技术和输入技术，复合的交互技术还包括各类脑机接口，这也是交互技术的终极发展方向。

6）边缘计算创新：**这也是元宇宙交互背后技术支撑的核心，也是我们必须具备的技术。**

端边云计算重构让无处不在的高速计算成为可能。边缘计算的发展将极大地推动端智能设备在多种环境下持续提供强大的计算力。边缘云计算是基于云计算技术的核心和边缘计算的能力。构筑在边缘基础设施之上的云计算平台，是拥有边缘位置的计算、网络、存储、安全等能力的全面的弹性云平台，并与中心云和物联网终端形成"云边端三体协同"的端到端的技术架构，通过将网络转发、存储、计算、智能化数据分析等工作放在边缘处理，降低响应时延，减轻云端压力，降低带宽成本，并提供全网调度、算力分发等云服务。

很多科技巨头都同时在多个研发方向上布局，对以上技术控制点有所侧重的重点投入是它们进军元宇宙的第一步。

第二步：从元宇宙战略层面重构公司的使命、理念和价值主张，对公司品牌进行深刻的元宇宙化革新

图 4-5 讲述了元宇宙在品牌层面的构建逻辑。

使命、愿景和价值主张将成为元宇宙公司核心品牌差异点

工业产品时代 创新新品牌	消费互联网时代 用户品牌	产业互联网时代 科技品牌	元宇宙时代 价值主张品牌
创新引领	**用户引领**	**科技引领**	**价值主张引领**
工业产品时代，品牌代表了产品价值和企业价值主张，品牌核心需求是引领创新	消费互联网时代超级应用通过承载用户应用社区，形成全新生态架构。品牌需要强用户运营	产业互联网以设备连接形成数据共享，积累海量数据，促进智能化发展。品牌需要体现科技领导力	元宇宙时代以机器人、电动车技术、生命科学等为核心技术形成人机共生元宇宙。品牌体现价值主张和思想

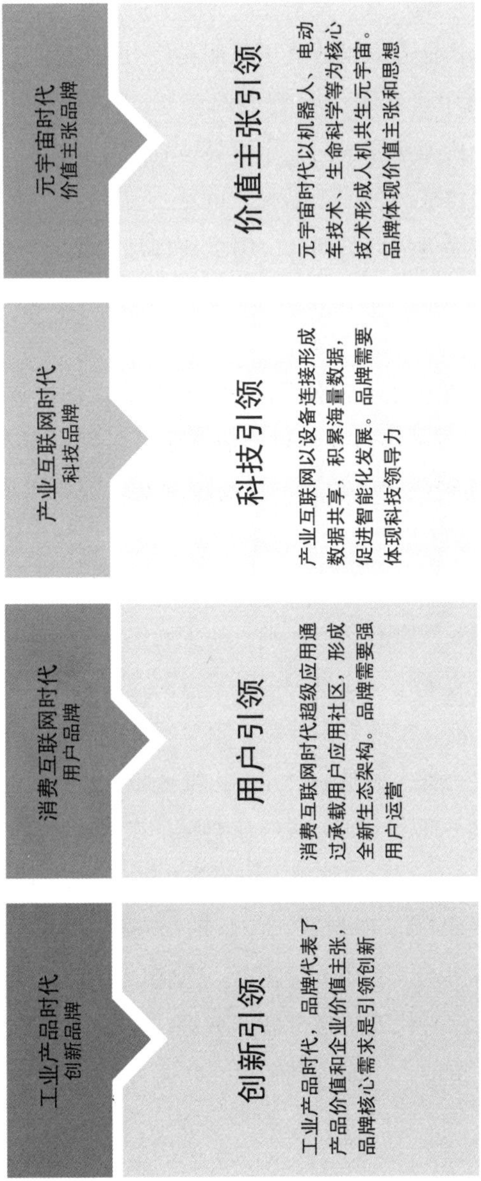

图 4-5 元宇宙公司品牌营销进化

在传统的工业产品时代，品牌主要强调创新，消费互联网时代强调用户引领，产业互联网时代更强调科技引领，而在元宇宙时代，由于元宇宙中机器人、AI 智能的参与，以及数据的聚集和再膨胀等特点，价值主张成为元宇宙最核心的品牌特质。元宇宙时代，科技品牌将成为价值观品牌。可见，当一家科技公司准备对外发布元宇宙品牌战略的时候，需要梳理品牌发展历程，提炼元宇宙时代的品牌"价值主张"，只有这样才能对外更好地展现元宇宙品牌的差异性和独特价值。

元宇宙品牌建设在元宇宙公司的战略中的意义往往被低估，元宇宙早期发展阶段必然涉及通过价值主张吸引用户参与，品牌定位在里面将起到决定性作用，这是技术基因公司需要格外注意的。

试想，如果一个元宇宙商业模式给外界的印象就是无比刺激的打斗，这和游戏就没有任何区别，缺少元宇宙的世界观包容性，最终必然会被边缘化；如果一个元宇宙商业模式仅仅对外宣传可以和虚拟人互动，没有纵深战略，很容易让外界认为这种元宇宙就是一个新型工具；如果一个元宇宙商业模式没有把进入元宇宙体验全新虚拟＋现实生活方式的长期愿景表达清楚，只是强调短期尝尝鲜，加入的用户也许就不容易产生黏性和忠诚感。

目前比较有代表性的 Roblox、Meta 的品牌表达都是未来感十足，并且将战略传达沉淀在了品牌里。微软、英伟达、高通则通过描述一个伟大的时代展现自身品牌愿景。可见，品牌表达对于致力于成为元宇宙的公司而言是一个"软实力"的表现，并不是虚张声势。

第三步：在 VR、AR、MR、XR 领域选择合作伙伴投入设备研发

这是元宇宙商业模式公司最终必然需要投入的技术方向，也是大型公司绕不过去的入口，技术能力强的公司还需要开展底层光学、表层工业设计和软件应用的创新。

（1）底层光学创新

底层光学创新涉及针对 VR、AR 视觉辐辏调节冲突引起的眩晕、光学系统庞大导致的佩戴舒适性低等共性问题，也涉及显示器系统在柔性屏等发展趋势之下形成的多场景的屏幕系统问题。

国内很多公司已经在这个细分领域做了很多有价值的尝试，比如，2021 年北京亮亮视野科技有限公司（以下简称亮亮视野）与浙江大学光电学院共同成立的"第一视角计算光学 +AI"联合实验室发表了题为" Metalens Eyepiece for 3D Holographic Near-Eye Display"的论文，阐释了一种将三维计算机全息术引入超表面器件的技术，有望让 VR、AR 设备真正摆脱笨重、头晕的标签。据悉，这个研究设计了一种结合了 5 毫米直径的超构透镜和基于菲涅耳衍射的三维 CGH 的 MCGH-NED 系统，让不同深度的图像的中心在重建时保持一致，同时利用全息图中不同层间不重叠的特点，消除了层间串扰问题，提升了三维全息成像质量。

本次研究成果是业界首次在同一近眼显示系统中解决了光学结构体积偏大和视觉辐辏冲突这两个核心问题，也是亮亮视野在北京市科委超表面研发课题上获得的又一突破性成果，这为后续 VR、AR 设备的广泛应用提供了有效技术支持。针对这种中小型创新公司洞察到的光学突破方向，超大型公司完全也可以通过合

作或者战略投入的方式寻找细分切入点，因为光学的发展必将极大地促进元宇宙的用户体验的革命性变革，极具战略性。

（2）表层工业设计和软件应用创新

VR、AR 设备在消费电子竞争中也必然遵循消费电子的规律，比如工业设计和用户体验的基本规律，所以，科技公司选择了元宇宙设备合作伙伴之后，对于自身的工业设计能力、用户体验实施能力的要求就会马上凸显出来。一般来讲，消费电子 70% 的技术都是产业链通用技术，20% 的技术是需要企业和产业链联合创新投资的定制化技术，剩下 10% 的技术则是自身必须具备的独家技术创新方向，这也是硬件差异化的核心要点。既然确定了新型设备是元宇宙绕不开的入口，那么这方面也必然会成为元宇宙战略的必备投入方向。在工业设计之外，软件创新能力也是选择设备合作伙伴的关注点之一，如果单纯的供应链厂家仅仅能以设备制造商角色提供支持，软硬件的结合难度则会加大。

第四步：建立元宇宙社区并邀请原住民用户体验，通过不断测试和验证最终定义元宇宙商业模式清晰的价值主张，探索引爆元宇宙、接纳海量用户

在这一步中，对于已经具备元宇宙商业模式的公司，我们建议用 Roblox 的方式提供多种内容创造和开源工具以及设备支持，激励开发者自主创造内容。这种开发者参与的方式在某种程度上是一种用户汇聚和分布式创新的模式，这和微信当初以 1 万个用户为单位进行测试再上线新功能的方法类似，是大型元宇宙商业模式吸引用户并保持体验稳定性的可取方法。而对于刚刚开始进入元宇宙商业模式的公司，我们建议采用百度的模式，一方面持续推动 AI 等底层技术的研发，另一方面通过分阶段让"原住民"参与测试、体验元宇宙，不断形成反馈，跟进并完善系统，为全面开放做准备。这是一种相对务实的方法。

以上是我们对超大型公司元宇宙战略的一个系统建议，实际上每一家大型公司都有自身的技术积累路线，也必然有独立的路径和方法。上述路径建议适用于一般元宇宙商业模式构建的企业。从原则上看，企业应结合自身特点，灵活设计元宇宙战略构建和实现步骤。

最终，元宇宙必然需要拥抱用户，通过新型显示、交互和应用体验形成社区化黏性，并创造新型的高质量数据生产机制，这些对于科技公司来说才是最重要的，也是成败的关键。毕竟，从商业的角度，一切以用户为中心、一切以用户体验为中心无可非议，没有用户的参与和喜爱，再好的技术都是空中楼阁。

4.4　中小型创业公司的 7 个元宇宙切入点

元宇宙创业热点的预判，实际上是一件很难的事情。

产业的格局目前还在演化阶段，元宇宙应用级别的创新或者说小切入点的创新高度依赖于产业巨头提供的开放平台，所以产业巨头还处于挖战壕阶段。但很多迹象表明，元宇宙创业与内容的相关性，或者说世界观形态内容在元宇宙创新中的重要性会提高，可以预见未来注定会出现多个创业热点。以下是几个比较适合中小型创业公司尝试的切入点。

4.4.1　超级虚拟偶像

超级虚拟偶像创业其实由来已久。初音未来目前是 90 后最熟悉的虚拟偶像，是由 Crypton Future Media 以雅马哈的 Vocaloid 系列语音合成程序为基础开发的音源库，其音源数据资料采样于日本声优藤田咲。与开发偶像周边产品的方式完全不同，初音未来是通过形象＋语音＋单曲演唱会等方式获得粉丝的，自 2007 年推出后就收获了大量粉丝。

从造型上看，初音未来虚拟偶像延续了传统日本动漫的形象特点，汲取了很多成功动漫形象的元素，比如《美少女战士》中的魔法少女团体。随着近年来全息技术高速发展，虚拟偶像从 2D 到立体，以初音未来、洛天依为代表的虚拟歌姬，直接俘获了二次元人群。**但元宇宙的超级虚拟偶像在之前基础上又有了很多新的特点。**这一代虚拟人在技术和文化上有了新的突破，除了全息技术，还有 VR、AR、MR、XR 等新设备的参与，或以虚拟形象搭配真人联合制作视频等。

从这个角度切入的商业模式其实并没有偏离动漫行业的本质，就是通过动漫形象获得高度认知和美誉度，通过广泛的合作赋能提高价值，并通过代言活动以及周边衍生品获得收入。这是传统经典的动漫玩法，只不过加入了元宇宙全新技术之后，可能会增加新的创新体验。而且，引用虚拟偶像的这种商业模式凭借其成熟度，在早期盈利的可能性很大。

4.4.2　数字艺术品

区块链技术提供了去中心化的清结算平台和价值传递机制，

可以保障元宇宙的价值归属与流转，从而保障经济系统的稳定、高效，保障规则的透明和确定性执行，这已经是业内的共识。随之而来的是资产端的变化，NFT 由于自身的数字稀缺性被率先运用于收藏、艺术品以及游戏场景，它也是最近几年最火热的创业领域。

据中信证券研报统计，2021 年上半年，NFT 行业整体市值达 127 亿美元，相比 2018 年增长超过 300 倍。NFT 是连接数字资产与现实世界的桥梁，为元宇宙内数字资产的产生、确权、定价、流转、溯源等环节提供了底层支持，它的成熟发展将进一步加速元宇宙经济系统落地。

目前，NFT 正在彻底改变品牌和 IP 所有者与消费者的互动方式。这些代币在品牌、IP 所有者和消费者之间提供了一种直接的、不需要任何中介的关系，可以作为已经获得的真实或数字权益的"护照/通行证"。NFT 在产品发布、活动票务、增值服务等方向潜能无限。以下 3 个最具实用性的功能值得关注。

- **防伪**。LVMH、Prada 和 Cartier 使用一个名为 Aura 的区块链防伪平台为消费者提供真品验证。Nike 也推出了 Cryptokicks，消费者购买商品时会收到一个相应的 NFT，如果将来球鞋被转售，那么证明球鞋为真品的 NFT 也会随之转移给新的所有者。

- **门票**。狮子王专辑的 NFT 销售额已达 200 万美元。每个独特的代币都包含独家的专辑插图和限量版的"黄金眼"黑胶唱片。在推广期间，主办方还举办了 6 场"黄金票"的拍卖会，让粉丝有机会赢取狮子王现场演出的四个前排座位的终身权益。

- **知名度**。微软和区块链开发商 Enjin 在 Minecraft 中开发了一个小游戏，可以让女性玩家通过这个旨在提高女性在科学领域的知名度的游戏来赚取 NFT。

此外，NFT 已经成为传统运动产品巨头阿迪达斯和耐克的竞争新焦点。2021 年 12 月，阿迪达斯发布其首个 NFT 系列 "Into the Metaverse"，正式入局元宇宙。就在几天前，耐克刚刚宣布收购虚拟运动鞋制造商 RTFKT。RTFKT 成立于 2020 年，此前该品牌与数字艺术家合作，在约 7 分钟时间内售出价值 310 万美元的运动鞋 NFT。事实上，11 月耐克就为虚拟产品递交了七项商标申请，包括 swoosh 标志和 Just Do It 口号，为进入元宇宙设下铺垫。

目前，耐克和阿迪达斯都在热情与元宇宙社区进行合作。耐克已与 Roblox 视频游戏平台合作开发出自己的虚拟运动乐园 Nikeland，灵感来自现实中的俄勒冈州耐克总部，用户可以在 Nikeland 中通过数字展厅玩游戏、互动，穿着耐克的虚拟服装，包括 Air Force 1 和 Nike Blazer 等经典款。而阿迪达斯在区块链游戏世界 The Sandbox 购得一块虚拟土地，购买了 Adidas Originals 系列 NFT 的用户可获得产品独家访问权，包括能够在 The Sandbox 等平台使用的虚拟可穿戴设备，以及连帽衫、运动服等实体产品。

NFT 业界资深专家艺评网创始人孔中表示："我们已经把艺术品的创业方向全部转向了 NFT 领域。从市场评估来看，目前已经有的虚拟币持有者，理论上都有将部分资产配置 NFT 的需求。"孔中看到的是从区块链角度考虑的市场机会，而且认为

NFT 艺术品形态不仅可以在耐克、阿迪达斯这样的企业推动数字营销, 在多个行业也有广泛需求。另外, 从艺术行业发展趋势看, 这已经不仅仅是区块链的需求。现在做艺术创作的年轻人已经开始全面拥抱手写板创作, 也就是说他们创作的成果版权本源上就是数字化的, 但目前并没有系统支持数字艺术品创作的平台。

总结 NFT 的创业机会, 或许有三种最为突出和可行: 第一种是 NFT 创作和发行的机会, 也包括 NFT 的运营平台的机会, 这些都是和数字资产相关的; 第二种是和大品牌营销联动的机会, 即建立一种新型的数字发行营销公司; 第三种是结合 NFT 的多种实用性用途, 比如防伪、门票等小的创新场景。这些都会成为中小型创业团队比较好切入的点。

4.4.3 线上虚拟店铺设计运营

最近两年, 长沙可谓"超级 IP"制造机, 文和友、茶颜悦色、墨茉点心局相继火爆。以墨茉点心局为例, 据悉它已完成 B 轮融资, 在短短一年时间获得刘清资本、元璟资本、日初资本、番茄资本、源来资本、今日资本多轮投资, 累计融资数亿元, 估值 20 亿～30 亿元。

90 后、00 后已逐步成长为主力消费人群, 他们已经接受了在游戏、社交网站上获得的虚拟世界观认知, 应该更加容易接受元宇宙中的虚拟店铺理念。比如在超大型游戏中, 如果未来是元宇宙级别的开放游戏, 对于几十上百万的用户, 该游戏完全有可能形成虚拟店铺的电商形态, 这个店铺的逻辑和电商网站的是一致的。

不过如何把握这类创新生意机会的时机是一个核心问题，目前似乎还没有超大型元宇宙游戏或者社交平台给开发者提供这样的机会。未来元宇宙大型社区运营商是否会垄断这个产品价值交易的生意也未可知。

3D 世界或者说元宇宙的电商机会一定存在，店铺形态和店铺＋虚拟超级偶像形态也可能同时融入商业模式中，但选择什么时机以及需要哪些准备性工作是创业者需要系统调研的问题。

4.4.4　VR、AR、MR 和 XR 设备创新运营

元宇宙的沉浸式体验特征使得 VR、AR、MR、XR 设备成为重要入口。同时，各大 VR 线下体验店也竞相开业。上海的豫园已经有店面专门针对小朋友的 VR 需求提供多样化的内容菜单。这类创业公司在全国有多个线下网点，内容由一个云端的网站提供，线下一般配置一两名管理员即可，不涉及线下收费，一切都是网上解决。这类商业模式已经成熟，只不过其继续盈利能力还在缓慢提升，用户对其的接受度也在逐渐提高。

这么多创新设备，理论上都可以用元宇宙的理念做线上和线下的立体创新。其运营创业机会将随着产业的发展进一步放大，有利于中小型创业团队切入。

4.4.5　虚拟人定制设计

Genies 公司是世界上最大的数字替身技术公司，也就是专门设计网络虚拟人的专业运营公司。

Genies 与 Dapper Labs 合作推出了 The Warehouse —— 一个数字替身可穿戴 NFT 市场。其中的服饰由著名的时尚达人、品牌和 IP 提供，用户可以定制自己的数字替身形象，并能够在多个平台上调用数字替身，拥有一个可以穿梭于整个元宇宙世界的虚拟身份。

目前，Genies 建立了很多合作关系，为品牌打造出最梦幻和最具表现力的效果，有些设计甚至非常超前。品牌方对虚拟世界的发展是有着强烈的需求的，这种需求不仅是通过广告层面的展现来获取流量，更重要的是在科技快速发展的今天，所有行业都需要提高自身的科技感以保持领先性。

Gucci 这家传统的奢侈品品牌，似乎一直很乐于接受新鲜事物，一直走在元宇宙创新的前沿，它们对虚拟形象有着与 Genies 相似的愿景。作为合作伙伴，Gucci 多年来一直在使用 Genies 的技术，也成为 Genies 生态系统的重要成员。

这个应用场景让我们联想到了当时 VC 们争先恐后投资的数字化试衣间项目，虽然该项目并不成功，但是女性消费者尝试不同服装的需求还是刚性的。设计微信卡通头像的一个软件也曾经流行过，不过很快销声匿迹了，但这个需求很广泛。

在元宇宙大型虚拟世界社区中，类似的设计、制作自身独特形象的需求大量存在，因此这个需求是个很好的创新创业的机会，有很大的发展空间。

4.4.6　虚拟演唱会运营

虚拟演唱会运营应该是元宇宙场景中最容易理解的一个商业

模式，但很难说这是一个完全创新的生意，毕竟基本逻辑并没有太大的变化。不过可以确认的是，由于元宇宙的体验更加沉浸式和立体，这类运营机会肯定可以吸引一批有技术背景的新型玩家参与。

在 Netflix 等大型互联网平台的推动下，虚拟偶像演唱会运营模式虽然目前还更多存在于现有互联网平台，但在新型元宇宙平台中的发展是必然的。

4.4.7　品牌公司元宇宙营销服务

NFT 的另一个重要应用场景是品牌公司的 NFT 发行，这里我们分享一个可口可乐 NFT 营销的案例。可口可乐公司拥有悠久的历史，其标志性形象与品牌标识深入人心。2021 年 7 月底，该公司以电子游戏中的"战利品盒"为灵感，发布了旗下首个NFT，用全新方式向目标受众传递信息。该项目加入了"国际友谊日"活动，所得收益将用于资助国际特殊奥林匹克运动会。

在这个营销活动中，可口可乐携手 10 位数字艺术家在虚拟内容创作公司 Tafi 设计了 3 个独一无二的 NFT，并放在同一个虚拟"战利品盒"之中，其中包括：一件可口可乐品牌泡泡夹克、一个可以模仿开罐体验的声音可视化工具以及一张灵感源于 20 世纪 40 年代可口可乐交易卡的"友谊卡"。此次拍卖共获得超过 57.5 万美元的收益，并全部捐给了国际特殊奥林匹克运动会。为纪念本次 NFT 发布活动，可口可乐公司在虚拟世界Decentraland 上举办了"屋顶派对"，为买家营造一种独特体验。在 Decentraland 中，用户可以买卖数字房地产，探索、互动、玩游戏。

在这种营销机会中，传统广告和营销服务机构帮助大型公司运营元宇宙里举办的活动，因此它们需要深刻理解元宇宙平台的特点，并且具备很强的数字营销能力。这是传统服务型企业的一个清晰的商业机会。

可见，元宇宙营销服务公司未来可以在元宇宙大型生态平台和品牌企业之间，通过灵活的方式提供线上和线下互动的营销服务，商业需求确定性非常高。

中小型创业公司的元宇宙切入点还很多，这里不一一列举，不过需要指出的是：客户为王、服务为王、创新为王都是极其重要的，仅仅从数字货币的角度考虑财富效应的切入点应该并不长久。

4.5 元宇宙大爆炸利空的行业

元宇宙作为一个产业级别的趋势性创新，让一部分人欢呼雀跃的同时，必然让另一部分人悲观沮丧。元宇宙注定不会利好所有行业，本节我们就来盘点一下可能利空的行业。

1. 利空的最大行业是房地产

元宇宙对房地产的利空实际上也是两个高维度的打击。第一个就是"虚拟＋现实"世界的生存空间，道理很简单，如果在元宇宙世界可以获得无限世界，那么 10 平方米的房子和 100 平方米的房子有多大体验差别呢？从某种程度上，虚拟世界的发展可能给现实世界中的人类提供了集约化生活的可能性，当人的精神世界更多在元宇宙中得到满足，那么现实世界的消费动力必然下降。

第二个是智能城市技术的发展。未来可能会出现可移动城市，人们生活在由智能模块组成的房车中，房地产商最终会被智能汽车空间生产商消灭。当然，这个进程可能需要 50 ～ 100 年。

2. 利空汽车和交通行业

虽然汽车行业有可能成为新型的房地产公司，不过元宇宙高效率交互带来的必然结果就是出行的减少。根据 2021 年中国市场汽车消费数据，只有智能电动车的销量还在增长，传统汽车销量在下滑。这一方面是因为经济基本面带来的消费动力下降，另一方面其实是因为人们的活动减少，汽车消费的动力也随之降低。

元宇宙带来的交互体验提高，如果能最大限度地代替会议，必将极大地削弱人们出行的动力。而智能交通在元宇宙时代更加完善，当百度、滴滴这样的公司成为自动驾驶运营巨头之后，人们的出行效率提高了，对私人汽车购买的需求必然大大降低。可见利空汽车和交通行业并非危言耸听，事实已然如此，未来更进一步发展也没有太多悬念。

3. 利空传统银行业

目前传统银行业受到的冲击主要是由互联网带来的，但是移动互联网时代实际上依然是人们拿着手机进行消费，所以，网上银行的服务还需要人工服务的支持。而在元宇宙时代，社交网络和游戏成为更大的经济系统之后，新的金融机制必然替代传统机

制。这一点虽然会是国家监管的重点，不见得马上发生，但银行
网点的商业模式必然会面临系统性的危机。扎克伯格试图建立跨
越国家的超大经济体，Diem 这样的虚拟货币系统在没有监管的
情况下带给银行业的冲击是难以估量的。

4. 利空旅游行业

元宇宙对传统旅游行业的利空很容易理解，新冠肺炎疫情的出
现已经让人们看到了这一点。如果元宇宙的显示和交互能达到全仿
真状态，那么人们不用出国旅行就能游览世界各地的名胜古迹。

不过元宇宙的应用者对于美好环境的追求依然不会改变，度
假和休闲类的旅游场所可能会吸引更多的元宇宙体验者，"现实 +
虚拟"会带来更完美的享受和体验。从旅游行业的利空挑战看，
元宇宙的利空也是相对的，在改变一个行业的同时，必然打开一
扇创新大门，如旅游行业通过在元宇宙系统里获取知识产权激发
更大量的参观和访问也非常有可能，具体取决于商业模式的创新
逻辑。

5. 利空传统手机行业

目前，传统手机形态解决的主要是人和机器信息交互的问
题，通过屏幕进入应用也是所有消费电子的通用路径，而元宇宙
时代会出现大量全新入口，使得手机可能会退化为一种小型的计
算中心或者一个账号体系。传统手机厂商面临巨大挑战。

手机价值链的重构也是必然的，当手机厂商更多地切入 VR、
AR 硬件销售之后，那么无能力构建元宇宙时代系统底层应用的
中小手机厂商很可能会被完全边缘化。未被边缘化的核心手机厂

商的利润也会被抢走。

所以，一线手机厂商不仅面临被颠覆的风险，也面临核心能力和元宇宙时代趋势不匹配的问题。但目前看，手机厂商依然有巨大的机会通过元宇宙战略布局在新时代构建全新的元宇宙入口，再造商业模式。

一扇门被关上，另一扇门必然会同时打开，顺应元宇宙趋势，企业必然能趋利避害，构建符合自身能力特质的元宇宙战略。

第 5 章 CHAPTER 5

畅想：元宇宙会带给我们理想社会吗

扫描二维码，
收看章节导读视频

核心观点摘要

■ 躯体和灵魂

互联网有两次生命，一次是躯体的诞生，一次是灵魂的觉醒。躯体的诞生伴随着信息高速公路、云服务、半导体、IoT 等，从消费互联网到产业互联网的发展，再到元宇宙基础设施；灵魂的觉醒将出现于元宇宙繁荣时代，人类文明超越传统的工业革命驱动生产力发展，用硅基和碳基融合重构的方式开启全新文明，这必然带来人类的灵性解放，同时机器人生命主体加入社会大家庭，人机共存随之出现。

■ 机器人生命体

模拟生命诞生所需要的条件是目前人类技术可以达到的事情，但这样做所产生的生命只能算是"人工制造"，我们只是模拟了一个环境，生命需要一个渐进式进化的过程。因为机器人想获得生命，需要的基本功能就是"感觉"，类似人类，需要视觉、听觉、触觉等。而所谓感觉必须是"稳定的信号"，这就意味着必须有感觉的"足够多触点"。一旦触点过少，我们感觉到的信号就非常不稳定，不符合统计规律，那么机器人就变成没有感觉的物体了。总体而言，机器人成为模拟生命体的必要条件就是智力、感知力、社交能力的有序进化，元宇宙恰恰提供了这样的环境。

■ 元宇宙 AI

元宇宙的数据逻辑必然推动元宇宙 AI 向"奇点"快速进化，这是一个系统的发展过程，包括：①元宇宙推动人类所有行为数据化，彻底数字化带来数据膨胀；②元宇宙数据的价值主张清晰，天然具有通过负熵的有序化孕育生命体的能力；③从深度学习、

深度认知到集体学习，这个过程基于 AI 的底层演进，也是机器
人生命体从体力到智力再到社会属性分层进化的根本性支撑。

■ 元宇宙和人类梦想

构建虚拟世界来体验更多精神追求，这是人类的梦想，没有
人对自身的处境完全满意，即使满意也有获得更多体验的需求，
文学作品、电影、游戏等项目的根本逻辑都是帮助人类体验更多
的可能性，这样来看，元宇宙符合人类自身的长期追求，也注定
因为其对人类成长的记录和对人类新型社交的探索写入历史。

■ 元宇宙大爆炸与宇宙大爆炸

"元宇宙大爆炸"之后会产生更多极具创造力的商业模式，
"大爆炸式创新"将产生海量数据生产效应，数据奇点和元宇宙
的关系类似宇宙学中的黑洞聚集物质能量形成的无限小的点（这
个点蕴含引爆元宇宙的"价值主张"）和大爆炸之后的元宇宙的
关系。

■ 元宇宙无限游戏

传统互联网本质上还是一个"有限游戏"，争夺数据和用户
的竞争的零和博弈本质上没有胜利者，只有阶段性强者。但元宇
宙是一个"无限游戏"，是互联网终极形态，也是承载超大型内
容创造的复杂性生态系统，增量创造可以带来真正的胜利，这个
胜利靠元宇宙级别创新，靠差异化的想象力。

元宇宙理念带来的深刻变革也是超越产业本身的，简单把元
宇宙和人类现实世界的诸多技术进步进行对应，实际上并没有真
正抽象其推动文明进步的价值。我们相信科学技术终极进化的一
个重要产出是"机器人"（泛指的"机器人"，包括虚拟人、孪生

数字分身、实体机器人3种形态），人机智能双主体平行进化的时代即将到来。机器人主体将驱动新文明进程加速并从根本上解放生产力，解放人，升级生产关系。应该说机器人是元宇宙无限智能的重要承载形式，现实世界中的机器人也将拥有元宇宙中的孪生数字分身。可见，元宇宙完全超越游戏、社交网络社区，把人从娱乐和连接需求引向更高级的创造力展现。在元宇宙公司主导的未来科技创新中，"科技主义"崛起是必然的，"智能资产"将成为人类最重要的资产形态，智能机器人必将成为元宇宙早期最重要的原住民。我们可以想象元宇宙带来的全新景象："无用的人"承担人文创造的重任，财富告别所有制束缚成为荣誉和责任象征，真正的社会化统一大生产解决了人类几千年来分配不公平的问题，物质中心论已被抛弃，精神世界高度繁荣……互联网灵魂觉醒，人类文明向更高维度发展，新的纪元开启。

5.1 从互联网到元宇宙的多重风险警示

互联网的历史性贡献，现在应该到了可以总结和归纳的时候。

基于过去近30年的高速发展，互联网应用和创新已经融入了生活的方方面面，"互联网＋"商业模式几乎对所有行业完成了系统化再造，从整个人类科技发展的大历史背景看，互联网的红利释放得非常充分。

但也有人认为互联网行业由于多种混乱现象已经失去了引领全球经济的先进性，一部分评论家将他们不认可的互联网形态定义为"落后产能"。这部分人认为互联网带来的高度垄断、隐私侵犯、数据质量下降，以及在AI的驱动下开始控制和替代人，这些都是消极和反社会的表现，而且 Meta 等超级巨头拥有的全球性媒体权力已经对国家治理提出了挑战。

这两年对互联网辩证批判的声音确实多了。Facebook 改名 Meta 就受到了全世界的冷嘲热讽，这和以前对科技创新的态度完全不同。互联网巨头的强大舆论动员能力对美国总统选举的影响，也让人们开始担心。从 2021 年开始，世界范围内对互联网公司加税、资本扩张管控等黑天鹅如约而至，这些都是我们做行业分析背后的宏观视角。

5.1.1 互联网的黑天鹅

1. 互联网对人类社会的 4 个重要贡献

客观讲，回顾整个信息技术革命，伟大的互联网精神是真实存在的，并且在过去近 30 年的时间里成为人类社会巨大变革的推动力，互联网的每一项历史功绩都是人类文明史上浓墨重彩的一笔。

第一，互联网通过创造和传播大量信息，加快了人类智力进化的历程。

在城市产生之前，人们生活在广袤的乡村或者小镇，并没有现在这样强大的社会化支撑力，也没有现代城市的信息传播效率，所以"城市"就是一个超大型的信息化社区。在互联网时代，这个信息聚集效应被放大得淋漓尽致，人类在互联网社区之中高效获取知识，这个进程的结果或许相当于兴办成千上万所大学。

第二，互联网通过消灭信息获取的不平等，促进了社会的公平。

对于生活在农村和偏远地区的人来说，在互联网普及之前，他可以接触到的信息是非常有限的，这也是互联网建立之初所谈到的"信息鸿沟"。而这个鸿沟现在在全世界范围内基本被填平了，即使在非洲的小村落，只要有简单的上网条件，村民就可以获得大量外界信息，这确实是人类社会的伟大进步。

第三，互联网极大地提高了社会生产力，高效地组织了生产生活的方方面面。

拿中国互联网公司举例，腾讯的微信不仅带给中国人更高效的沟通方式，也历史性地降低了通信费用。在阿里巴巴、京东这样的电商崛起之前，消费者不得不忍受着带有高昂的流通成本的价格体系，一件衣服从浙江的工厂流转到北京消费者的手中，其价格上涨 10 倍很常见，但电商改变了这一切。百度让人们可以免费获得大量信息，找到解决问题的方法。美团改变了服务行业的流程，精细化调动了社会的资源，让消费者以更低的价格享受更好的服务。这些都是互联网的成就。

第四，互联网以低成本改良了社会。

在互联网出现之前，生产关系的改变往往伴随着剧烈的政治变革，甚至战争的血腥争夺。其中一个原因就是民族之间信息不对称，很难形成共同意识，彼此的不了解加之认知差异，伴随着仇恨的滋长，很容易引发战争。但互联网广泛普及之后，不同国家的人们都可以快速获取他国信息，这种信息的传递使得全世界成为了一个命运共同体。特别是互联网 2000 年左右大爆发之后，世界各国之间的彼此了解加深了，这有利于世界和平发展。

2. 互联网的风险事件

以上是好的方面，但互联网的负面效果也不可等闲视之，互联网的高度繁荣确实带来了大量的无序现象和新矛盾。

互联网带来的第一个风险就是让网络成为少数人操控多数人认知和数字财富的工具，比如当前的"认知霸权"和"数据垄断"两个负面问题。

在互联网如此高效地创造和传播信息的条件下，掌握了互联网也就掌握了人们认知的阀门，这让互联网媒体拥有更强的认知主导权。而超级科技巨头一旦获得了互联网媒体的广泛控制权，也就拥有了影响社会并挑战国家治理的能力，这个能力被滥用就会危害社会健康发展。这就是认知霸权。互联网的高价值数据开始被垄断，低价值信息泛滥成灾。就像批评者说的那样，消费者提供了大量的数据，但没有产权，这些数据又被商家用作算计消费者的工具。

互联网带来的第二个风险是让人们的思考能力下降。一些网络商业模式畸形发展之后，不一定真正创造价值，某种程度上甚至在削弱人们深度思考的能力。比如人们在短视频和口水新闻上花费了大量时间，自然就会减少深度阅读的时间，没有深入阅读，思考能力就会下降。

互联网带来的第三个风险就是让价值观扭曲。互联网本身是中性工具，但它却让色情、暴力、犯罪等信息更方便传播。

和互联网发展相伴相随的 AI 技术的发展，实际上也引发了诸多隐忧。

人们对 AI 技术的担心主要有四点：第一是 AI 替代人工，会带来大面积失业；第二是 AI 可能减少人的自由空间；第三是 AI 形成的技术新伦理可能和之前的社会伦理发生冲突，比如自动驾驶汽车出现交通事故之后，AI 在其中到底是否需要承担责任；第四是 AI 可能让人缺少思考进而智力退化。

科学家霍金在接受 BBC 采访时也表示："人类由于受到缓慢的生物进化的限制，无法与机器竞争，并会被取代。全人工智能的发展可能导致人类的终结……"在他看来，人工智能对人类工作、生活方式的改变，可能影响到现有的法律体系、道德标准以及利益分配的模式等。而人类做出改变的速度未必能跟得上人工智能的发展速度，这就会对社会现有的体制造成冲击，从而引发混乱。他认为人工智能让人类越来越缺乏思考，而其自身则有可能越来越聪明，从而威胁到人类的生存。马斯克也多次在媒体上发出预警，认为社会应该注意 AI 带来的潜在危害。

实际上，AI 带来的连锁反应确实已经发生了。不过，正像本书之前论述的那样，元宇宙反而带来了一个全新的契机，所谓"无用的人"存在通过内容建设在元宇宙中发挥大用的机会。也就是说，需要在一个辩证的逻辑框架中系统审视 AI 和机器人的负面连锁效应，用更长的历史周期来评判，而且这本质上是一个对于中性技术趋利避害的问题，过度地渲染危害多少带有一种因噎废食的保守。

通过以上分析可以看出，互联网以及 AI 带来的风险警示和其成就是紧密联系在一起的。很多问题确实已经出现，并且多方都在寻求应对策略，在这个再平衡过程中对互联网公司进行加税、巨额处罚、严格监管、准入限制等不可避免。不过，这也许不值得恐慌，因为尽早暴露问题会防范严重问题的出现。尽管如

此，这些已经存在的问题会产生广泛的社会影响，依然不可掉以
轻心。

5.1.2　元宇宙的灰犀牛

**从风险警示角度来看，元宇宙世界必然存在一些"灰犀牛"
现象。**

首先，元宇宙必然会带来人类生活方式的深刻变革。 抖音和
快手让偏远地区的普通人成了网络世界的主要内容贡献者，这表
明有时间的人更愿意参与虚拟世界的建设。那么，元宇宙必然让
更多人参与虚拟世界创造，这些人的生产和生活方式将发生深刻
的改变。

那么，这种改变是否会带来危害呢？

应该说危害确实存在，极端情况下，如果元宇宙让人们痴
迷于虚拟世界，那么现实世界的物质生产就会受影响，人们也会
疏于运动和锻炼。但辩证来看，人类完全沉迷于虚拟世界的可能
性实际上很小，我们的快感是由神经信号对大脑特定区域刺激带
来的，生物学上也有研究证明人体内化学物质决定了情绪。而当
某种刺激过多或者化学物质浓度过高的时候，人反而会产生抑制
排斥反应，并向相反的方向发展。也就是说，人类不会放弃现实
世界的生活。当然，这也是一种基于极端假设的推理。另一个隐
患就是隐私保护。元宇宙是彻底的数字化生活方式，数据安全挑
战注定更加严重。如果我们每个人把生活细节都呈现于元宇宙之
中，理论上这个系统就控制了所有人的隐私，这倒是最有可能发
生的。

其次，元宇宙必然带来机器人的崛起，也必然带来对人类能力的挤压、替代甚至伦理挑战。

前文对此已有诸多论述，元宇宙的数据生产机制决定了它是一个驱动机器人快速进化的乐土，而机器人替代人工的进程实际上在互联网时代就已经开始，在元宇宙时代或许可以达到成为人类生命伙伴、与人类共存的地步。

那么，这个灰犀牛挑战就已经不是简单的矛盾关系，而变成了人类如何发展一种新型的人机伦理体系，在未来文明中给予机器人合理的身份和空间。

再次，元宇宙时代的社会监管主体面临挑战。

这里面包括诸多可以追问的细节，比如政府如何有效监管；元宇宙公司的法律权限在哪里；元宇宙大型社区的内容机制如果涉嫌煽动暴力和仇恨，谁最终为结果负责；等等。

最后，元宇宙社区和游戏等高度承载人类文明之后，存在数据系统在灾害中损毁，进而人类文明成果荡然无存的风险。

应该说这也是一个灰犀牛风险，在局部的区域和特定的情况下一定会发生，比如地震时期，互联网都可能被切断，更何况技术安全要求更高的元宇宙。以上是我们辩证地从另一个维度对于元宇宙风险的警示，当然，风险肯定不止于此，因为元宇宙目前还是一个新生事物，我们也很难做出预言式总结。不过，有一点是需要重申的，技术进步从来都是双刃剑，在我们接受元宇宙可能为我们的机器人技术、交互技术等带来生产力推动的同时，必然需要面对其负面效应的风险。元宇宙成了必然选项和被迫选项后，再多的风险我们都需要积极面对。或许，互联网危害的"小概率大事件"黑天鹅和元宇宙发展的"大概率大事件"灰犀牛也恰恰是让人类价值得到终极展现的根本驱动力。有挑战才有解决挑战的动力。

5.2　现实世界的物质锁与虚拟世界的灵性解放

实际上，元宇宙也带来多个深刻的哲学命题，包括人类是否因物质追求而形成了思维定势，也包括人类的灵性解放到底需要何种条件，甚至包括人类文明最终是创造超越人类躯体的全新数字文明还是创造增强人类能力的超人文明。

这些追问在 10 年前看还非常可笑，不过今天看已经是可以探讨的话题。我们看到，人与人之间的不平等在现实世界越来越趋向于"应用科技"能力的不平等，比如应用前沿生命科技的人可以抗衰老等。

这一节，我们将这个探讨更多局限在精神层面：元宇宙是否会带来灵性解放？还是超越了现实世界的物质锁之后又进入了新的桎梏之中？

5.2.1　现实世界的物质锁

我们先来看物质锁这样一个偏哲学的话题。物质锁具体可以从两个方面来解读。一个就是比喻占有物质世界的疯狂状态，现代人其实大多有这种问题，包括消费产品、占有财产、获取资源，这些对物质的追求已经形成了一种惯性。另一个就是由于物质占有成为价值观的主要方向，人们对于精神世界的感情、智慧的追求意愿下降，对于平衡物质和精神的追求也在下降。

电商的负面效应之一就是某种程度加紧了物质锁，互联网的便捷高效激发了人们占有物质的更大冲动。这些都与中国传统的节约文化相背离，并且当这种现象被广泛接受之后，人们对于"文明生活方式"的理解也越来越肤浅。

和"物质锁"相关的还有一个问题就是"信息噪音"。所谓"信息噪音"就是互联网创造的海量无指向的低价值信息，正在吞噬人们的时间和精力，也在混淆认知；信息时代让每一个人都沉迷于信息噪音中不能自拔。

社会学家比较极端的评论认为：现实世界最大的危害是噪音，人类的肉体和精神世界都受到噪声危害。而"信息噪声"实际上也是在破坏传统人与人之间交流的情感互动，打破了精神世界的有序性，信息噪音让更多人更加痴迷于物质，被"物质锁"困住不能自拔。

我们顺着这个思路深入追问一个根本问题：人和机器最大的区别是什么？很多人会回答是人性，可能更具体就是"灵性"，碳基文明的灵性包括创造力、思考力、情感、感知等多个方面。这个"灵性"的概括听起来还是恰如其分的，我们经常说"万物有灵"，但这个灵实际上更是人类的特征。"灵性"是一种完全超越物质追求的高级情感。

5.2.2 虚拟世界的灵性解放

那么，新的问题产生了，元宇宙是否会带来人类的"灵性解放"呢？

这个问题在元宇宙充分发展之前，可能没法全面回答。

不过，从今天的角度来推理，确实存在元宇宙推动灵性解放的逻辑。

其一，元宇宙会促进信息高速交互，会驱动 AI 和机器人进化，这些注定是解放生产力的，这就为灵性觉醒奠定了物质基础。而生产力解放之后生产关系会重构，人类在全新科技时代会获得精神世界的新分工。

机器人广泛应用会令物质极大丰富，更多的人可能会成为艺术家、科学家、歌唱家、音乐家等。

其二，当元宇宙的智能资产、虚拟设施产权获得更多年轻人认可的时候，年轻人对于现实世界物质的占有需求自然会弱化。现在人们拼命追求的房子、车子等都是靠大量超时超常劳动换取的，大型城市中生存竞争给人们带来的身心压力已经达到了一个临界点。元宇宙对于这种观念调整起到的作用必然也会带来社会形态的变化。

当年轻人脱离了物质锁，不那么追求物质攀比的时候，在虚拟世界中进行灵性解放的创新创作也是可以预见的事情。

其三，当元宇宙和一系列技术革命进一步节约人们的时间之后，我们可能会发现在未来科技世界中每个人开始拥有大量的时间，这个时间"燃料"也必然成为灵性解放的基础。元宇宙的 3D "虚拟＋现实"形态是一种全新的交互方式，人类将不再需要手机、计算机等 2D 世界提供的信息，在 AI 的辅助下也不需要机械地学习各种知识，从而有了更多时间。

其实，关于物质锁和灵性解放的这些探讨，在历史发展过程中早已存在。即使在没有信息技术、元宇宙技术的几百上千年前，人们也在探索着超越物质并追求精神世界的方法。比如中国古代的琴棋书画、歌曲诗赋，都承载了古人超越现实追求精神世界的寄托。从这个角度看，中国文明内部确实早就存在"君子不役于物"的认知，我们的传统文化里对于文人、诗人给予的社会地位一直很高。而欧洲文艺复兴追求的"人本主义"，也是一种灵性解放。

这样看来，无论有没有元宇宙，人类文明深化精神世界追求，并且超越物质和物质大生产的价值观发展趋势都会发生。也许，元宇宙将加速这个进程，在技术和人性之间加速获得全新的平衡。

5.3 元宇宙成为机器人生命模拟器的可能性

人类对自身的研究和发现在近代其实晚于对机器的发明，或者说碳基文明的自身追问也晚于硅基文明的创造。

一个简单的对比是瓦特改良蒸汽机和瑞士医生弗雷德里希·米歇尔发现 DNA 的时间。前者是在 1765 年，这个历史意义不需要赘述，蒸汽机等一系列新机器工具的发明掀起了波澜壮阔的工业革命。但最早分离出 DNA 并且在显微镜下观察到的时间是 1869 年。

有意思的是，现在很多科学家津津乐道的一个有趣现象，就是 DNA 的双螺旋结构和宇宙中太阳系九大行星围绕太阳运转的轨迹非常像，前者承载着人类的遗传信息，后者是否记录了宇宙中最基本的能量展现方式呢？这个谜团目前还不为人知，这里引用的目的是引发我们思考一种联系，就是机器相关的"能量"和人类智力相关的"信息"是否都存在着生命的终极秘密。如果宇宙的产生源自一次大爆炸，那么自然进化的规律一定和最简单的能量和信息有关，这确实也是每次工业革命的进化逻辑，当然也包括人的产生和人类社会的发展，那么一切都应该是可以被计算和衡量的。

5.3.1　元宇宙模拟生命体的路径

马斯克这样想象力丰富的企业家，曾经非常认真地讨论"人生活在高维度文明游戏模拟器"的观点，这似乎有些过于科幻，绝大多数人是接受不了的。不过，从元宇宙的视角看，这个可能性确实存在，元宇宙高度发达之后其实就是一个高级的模拟文明。

机器和人的关系背后有几个更加抽象的问题值得探讨和回味。

第一个问题是关于人类进化的本质驱动力的，第 1 章和第 2 章我们都有过类似的论述，本质驱动力表面上看是工具和文字的进化，深层次的机理则是能源和信息的推动。

第二个问题是关于人类社会进化和城市进化的。有充分的迹象表明，城市化进程加速了文明的进步，当人类从体力劳动解放出来的时候，大脑高速进化并且通过智力带来科学的进步，这更深刻地改造了自然和社会。

第三个问题是关于人类近代科学是否在复制和重构生命系统，或者说，人类科学是否在向模拟文明和造物主角色上发展。目前来看，无论硅基文明对机器人方向的探索，还是碳基文明对改造人类自身和复制人类能力的实践，这些假设都是有可能的。

从以上的分析来看，人类是否生活在高维度文明的模拟游戏之中这个大胆假设本身并不那么重要了，更值得我们探讨的是人类是否有能力模拟一个高维度的"游戏"来推动文明的深层次进化。

回顾之前的思考：当我们用这样抽象的思维重新理解互联网的时候，或许可以判定互联网注定将存在两次生命诞生的过程，第一次是躯体的诞生，从信息大爆炸引发的消费互联网繁荣，到产业互联网的连接，这个过程在拥有了产业硬件支撑后，可以抽象为肉体的诞生；第二次更像是灵魂的觉醒。人类应用互联网等工具重构自身可能包括两个层面的意义，其一是重构机器人这样的新生命主体，目前 AI 在不断向奇点迈进的过程中也就是在探索这个问题；其二则是人类自身的灵魂解放，也就是超越物质锁，更高效地开发我们的大脑，让精神世界升华。

以上这些脑洞大开的想法，最终落到一个更加直接的追问：元宇宙是否可能成为孕育机器人生命体的模拟器？

当我们展开这个思考的时候，首先需要认识到一个关于生命的基本逻辑：创造生命看起来更加遥远，但模拟生命诞生所需要的条件是人类可以做到的事情，这样做所产生的生命并不能算是"人工制造"，我们只是模拟了一个环境，而生命仍然是在这个环境中自发形成的。

生命要想生存，需要的第一个能力就是认知，目前 AI 的"深度学习"就是在训练认知的能力。需要的第二个能力是感觉，有感觉是生命体有血有肉的基本特征，比如人类，我们需要视觉、听觉、触觉等。这些又很像产业互联网时代探索的"深度感知"的万物互融交互。而感知需要"稳定的信号"通信方式。需要的第三个能力或许就是生命体之间的相互学习的能力，这类似于上面提到城市和人类社会的进化逻辑，这一点就有点接近于元宇宙的诞生逻辑了，新交互的方式将人类一切行为数字化，自然为 AI 创造了"集体学习"的环境，或许这个大环境就有可能成为机器人生命的模拟器。

所以，机器人作为模拟生命体的必要条件看起来在元宇宙的全新系统里都有可能加速形成和进化。

5.3.2　元宇宙创造灵魂丰满的机器人

在元宇宙成为模拟器并孕育机器人生命体的分析中，实际上逻辑是非常清晰和自洽的。不过，对于下一个阶段，"元宇宙让机器人的灵魂更加丰满"这个论述，持不同观点的人可能会更多一些。

可以预见的是，如果元宇宙要创造"虚拟 + 现实"机器人就业机会，那么元宇宙本身和元宇宙内部的 AI 机器人对人格化的需求必然更加强烈，甚至可以认为是无限需求，有几千万人参与训练元宇宙 AI 机器人，理论上也是可以在系统中容纳并创造价值的。

这样看来，元宇宙对机器人"人格化"的追求势必成为一种新的商业机会，机器人所获得的人类能力的商业化价值自然也就水涨船高。这个时候机器人产业则必然迎来一个完全增量的投资热潮，也注定是未来第一大产业。

对比人来看，我们每个人都希望超越现实体验更多的人生，机器人同样有这个需求，这个需求翻译成智能机器语言有点像每一个机器人都希望获得更多的场景训练数据，探索未知是人类的天性。这样的话，元宇宙很可能通过一种新型的商业模式，催生了让机器人灵魂丰满的巨大商机。

这一切都将因为科技带来的元宇宙，创造了彻底的人机平等主义，让生活在地球每一个角落的个体，无论人还是机器人，都有机会通过元宇宙追求生命的价值。从这个意义上说，元宇宙注定将不仅仅是为机器人"灵魂丰满"的成功，更是人类重新追求自身价值的深刻解放。

5.4 元宇宙的 8 个极致猜想

元宇宙势必是一个"无限游戏"，进而具备多个无限特征，或者说没有无限特征就很难称之为元宇宙。这些都是元宇宙商业模式需要遵循的根本规律。

而当我们通过确立元宇宙趋势，并了解其数据和 AI 联动驱动逻辑之后，也可以对其未来的极致场景提出大胆想象。也许某些猜想现在看起来不切实际，背后的逻辑却值得我们深思。

极致猜想一：元宇宙游戏的"创造力'大地主'"

在元宇宙游戏中，由于开放编辑器具有开源创作的特点，很有可能在游戏的大架构中出现拥有创造力的"大地主"。如果某位开发者建立的社区或者内容具有地标意义，其在游戏中获得的收益可能是非常巨大的。这和现实世界的商铺投资很像，一个旺铺养活几代人。不过细微的区别是，商铺主要靠位置，元宇宙的土豪应该更多靠创造力吸引人。我们预言会出现这样的"创造力

'大地主'"，这是比抖音网红更加高级的一种创造者收益方式。

极致猜想二：元宇宙中的"机器人社区"

当大量用户在"虚拟＋现实"世界平行存在的时候，自然就会出现"机器人社区"。在元宇宙中机器人身份和人类用户的 ID 身份应该是没有区别的，这会是元宇宙和互联网在社区机制上的本质差别。这也意味着碳基文明和硅基文明共生、共创和共同进化的时代真正到来了。

极致猜想三：元宇宙"超级智能"

元宇宙大爆炸会引发高质量数据膨胀，自然孕育了训练和推动 AI 进步的优越外部环境，AI 向人脑进化的奇点时刻正在加速到来。另外在元宇宙开源、开放的环境中，创业主体通过类似微软小冰这样的虚拟机器人参与其中，并最后形成"超级智能"的可能性加大。主要原因是元宇宙交互效率更高，数据产生质量和数量都有提高，也就带给 AI 更好的进化环境。通俗点说，在元宇宙中，有一天你看到一个超级有智慧的人，或许他只是一个机器人。

极致猜想四：元宇宙黑市

由于元宇宙虚拟世界基于创造的新型产权环境，其与现实社会数字孪生的同时，也必然会出现在现实世界监管之外的角落，这是元宇宙社区很难完全规避的。比如，在元宇宙的虚拟环境中，可能对于武器等违禁品的监管更难触达。作为现实映射的元宇宙社区也自然会出现现实世界的不合规元素，这让"元宇宙黑市"很有可能出现。

极致猜想五：虚拟货币成为"计算力定价货币"

在元宇宙中最后大概率采用虚拟货币构建经济系统，比特币、以太坊被选用的可能性很高，也可能自身发展为元宇宙社区。由此，虚拟货币作为计算力定价的主流方式，在元宇宙中流通，自然也就代表着计算力的流通。

从虚拟货币的根本机理上讲，有三点值得我们深入思考：其一就是比特币技术支撑的区块链机制是通过共识组织的，那么互联网高度发展的时代，人类社会诞生这种去中心化的技术潮流应该是不可逆转的；其二是比特币和算力结合的机制，通过算法发动世界上各种算力加入挖矿，看起来是一种能源浪费，但我们辩证审视这个行为实际上是人类历史上第一次给算力做了定价；其三是一个值得探讨的视角，在未来元宇宙等大型虚拟现实应用广泛存在的前提下，对算力的极致追求，是否也是量子计算机、生物计算机的核心工作呢？这不得而知。可以确认的是，元宇宙时代的虚拟货币主要还是基于算力度量的。

极致猜想六：元宇宙墓地

由于元宇宙是一个完整的沉浸式社区，也是彻底的数字化，很多用户在其中长期参与的同时，必然形成更强的依赖感。那么其现实世界出现死亡等现象的同时，其在虚拟世界提前建设的墓地就可以马上发挥作用，也可以供更多的人吊唁等。这个猜想实际上已经在互联网时代充分实现了，有所进化的可能是元宇宙目的对于逝者的 3D 还原甚至 AI 对话能力，听起来有一点恐怖，有那么一点永生的味道，但对于亲人来讲肯定是有巨大需求的好事。

极致猜想七：元宇宙"文明交易所"

元宇宙创造大量新知识的同时，也客观上会催生很多新的文明形态，这些文明形态在现实世界中是以房地产和知识产权的方式存在的。在元宇宙虚拟现实世界中，大概率也拥有类似的文明交易所，包括智能资产、NFT 等多种虚拟资产都可以在文明交易所中交易，也包括开发者创造的社区，或者虚拟世界的生活方式创新的知识产权等。

极致猜想八：元宇宙的"星际特区"

在互联网时代，人类还没有大规模开始星际探索，但星际文明到来没有任何悬念。而且，元宇宙时代本身就是伴随着探索火星等星际探索计划展开的。所以在元宇宙社区中，存在代表空间站、月球、火星的星际社区的可能性很大。也许在未来 3 ～ 5 年，伴随着火星登陆等大事件，星际特区会在元宇宙中大量出现。也许未来元宇宙是人类移居多个星球后的主要交流方式。

5.5　元宇宙与阿波罗登月类比思考

基于以上对元宇宙抽丝剥茧的认知，在本书的最后，我们回到产业逻辑，试着把元宇宙和阿波罗登月对产业的促进作用做一个类比。

"元宇宙"格局非常宏大，其发展和演化可能带来的巨大影响范围目前还不可知。但我们不妨回顾一下催生互联网行业诞生的阿波罗登月计划，这是一个可以参照对比的宏大历史坐标。

5.5.1 阿波罗登月催生了互联网

1969 年 7 月 16 日，"阿波罗 11 号"承载着全人类的梦想登上了月球表面，这是人类历史和航天历史划时代意义的成就。这项计划是人类在新大陆地理大发现之后最伟大的空间探索，也悄然加速了互联网行业的历史进程。

这项计划涉及社会方方面面的创新支持，顶峰时期参与工程的企业有 2 万多家，200 多所世界顶尖大学参与其中，80 多个科研机构为之贡献，总人数超过 30 万人。这项计划不仅提供了惊人的就业机会，也带来多个产业的跨越式发展，其中就包括信息技术产业。当时的阿帕网是美国国防部支持的项目，阿帕是美国高级研究计划局的简称，其核心机构之一就是处理技术办公室（IPTO）。阿帕网是美国高级研究计划局开发的世界上第一个运营的封闭网络系统，堪称全球互联网的始祖。

在阿帕网的立项规划过程中，负责整个规划、架构、招标、技术选择和监督的拉里·罗伯茨后来也在互联网发展中起到重要作用。拉里在 1973 年之后投身于网络技术的商业化，比互联网浪潮的到来至少提前了 10 年。在方兴东主编的《互联网口述历史》中提到："推动互联网商业化的 40 多年中，他在创业路上可以说屡战屡败，屡败屡战，始终致力于将创新技术推向社会。"

5.5.2 元宇宙与阿波罗登月

如果我们将"元宇宙"理念和阿波罗登月技术推动互联网发展做一个粗浅的对比，至少有四点发现。

首先，**只有宏大且具有历史使命感的重大创新方向才能牵引产业级创新，这对于元宇宙"概念论"持有者是一个有力回击，他们认为当下看得见、摸得到的东西才是趋势，但实际上大趋势往往都是从抽象的理念开始的**。当初的阿波罗计划承载的是人类探索宇宙的新时期地理大发现，而现在的元宇宙则是探索在虚拟世界承载我们的文明成果，两者同样都是激动人心的伟大设想，具有深远的战略意义。

其次，**阿波罗计划对于互联网行业发展的推动是隐性和长期的，在支撑计划的过程中，信息技术的高速发展扩大了阿帕网技术的使用范围，这说明元宇宙这样的大格局创新带来的深刻变革可能还在路上**。而元宇宙目前驱动的产业变革，似乎更模糊一些，但 VR、AR 等技术如果在现在基础上拥有更大进步，当游戏引擎更加强悍地承载 3D 虚拟世界之后，未来的元宇宙必然是一个恢弘展开的全新领域。当初的"阿波罗"是一个具体的计划，"元宇宙"是一个相对抽象的理念，但就像前者催生互联网行业诞生一样，后者也很有可能催生下一代全真、3D、深度沉浸式的终极互联网。

再次，**从伟大设想到具体商业模式的落地是一个漫长的过程，是巨大投入的过程，也是需求孕育和认知泛化的过程**。从 1972 年阿波罗计划完成，到 1995 年左右互联网兴起，这 20 多年间有无数的创新，原始形态的阿帕网也经历了巨变。所以，元宇宙带来的互联网深刻变革至少 10 年以后才能显现。

最后，**从互联网的实践中我们可以发现，创新主义者为科技商业化做出了巨大贡献**。应该说最早信奉某一技术理念的人往往更加坚定和执着，这些抱着宏大理想的人有更大的动力和使命感推动技术进步。当下，元宇宙理念的发扬光大自然也需要一批具有创新精神的推动者。

有了以上对比，我们对元宇宙更乐观了。元宇宙的概念和边界逐渐清晰的过程，也是其最终商业价值展现的过程，我们对这个过程充满热情和期待。

结 语 Epilogue

　　元宇宙不是大箩筐，更不是造富机器，本质上元宇宙开启的是一个科技公司协同共创的全新时代。同样，产业科技的发展不太需要纠结于概念的定义，但从另一个角度看却需要动态把握前沿趋势。价值主张"从无到有"催生产业进化符合多次技术革命的普遍规律，不能因为元宇宙听起来有些博大就认为它是空洞的想象。

　　回顾科技发展史，我们看到：产业科技能形成潮流一般是多个天才或多家公司共同推动的，这个潮流往往不以人的主观偏好为转移，盲目跟随潮流和反潮流都是一种主观行为。而面对"元宇宙"这样一个新生事物，合理的姿态是洞察潮流背后的实质，探索由小到大的发展逻辑。从这个角度说本书并不关注争论本身，而是希望从全球前沿产业科技实践这个出发点总结出普遍性的元宇宙战略逻辑，切实帮助致力于元宇宙创新的企业和创业者。

　　站在硅基文明和碳基文明同时快速发展进化的时间节点，中国高科技产业面临继续突破的产业基础，也需要全新理念的牵引和支撑，这也是此刻我们讨论元宇宙的现实意义，也是本书写作的初衷。

附 录 Appendix

附录 A 元宇宙产业编年史

通过按年梳理和归纳元宇宙产业新闻动态（编年史），可以清晰地展现出一条产业互联网升级的线索。涉及的新闻动态不仅包括超级巨头的具体行动，也包括行业协会和国家主体对于虚拟经济的推动。这个编年史虽然没有人类文明进化史那样庞大，但聚焦于元宇宙产业思维，对于理解前沿科技巨头对虚拟经济渐进式布局的过程和逻辑很有帮助。

总体来看，虚拟现实技术经历了三个发展阶段。

第一阶段：虚拟现实技术的探索阶段，从 20 世纪 50 年代到70 年代。这属于准备阶段，虚拟现实技术的基本思想开始萌芽。1956 年 Morton Heileg 发明了一个叫作 Sensorama 的摩托车仿真器，它具有三维显示及立体声效果，能振动并吹风。在虚拟现实技术发展史上有一个重要的里程碑，就是 1968 年美国计算机图形学之父 Ivan Sutherland 在哈佛大学组织开发了第一个由计算机图形驱动的头盔显示器（HMD）及头部位置跟踪系统。

第二阶段：虚拟现实技术基本概念形成阶段，从 20 世纪80 年代初到 80 年代中期。这是虚拟现实技术走出实验室、进入实际应用的阶段，这一时期出现了两个比较典型的虚拟现实系统，即 VIDEOPLACE 与 VIEW 系统。VIDEOPLACE 是由M. W. Krueger 设计的计算机生成的图形环境，在该环境中参与者可以看到他本人的图像投影在一个屏幕上，通过协调计算机生成的静物属性及动体行为，可使它们实时响应自己的活动。1985 年在 Michael McGreevy 领导下完成的 VIEW 虚拟现实系统，装备了数据手套和头部跟踪器，提供了手势、语言等交互手段，使 VIEW 成为名副其实的虚拟现实系统，成为后来开发虚拟现实的体系结构。此外，VPL 公司开发了用于生成虚拟现实的 RB2 软件和 Data Glove（数据手套），为虚拟现实提供了开发工具。

第三阶段：虚拟现实技术全面发展阶段，从 20 世纪 80 年代末至今。在这一阶段虚拟现实技术从研究转向应用，在医学、航空、教育、商业经营、工程设计等方面都有所应用。

1968 年

美国计算机图形学之父 Ivan Sutherland 和他的学生开发了全球第一台虚拟现实设备，这是一种"头戴式三维显示器"。

1986 年

麻省理工学院的 Marc Raibert 开发出第一台能实现动态稳定的四足机器人。（后于 1992 年成立公司，这就是后来震惊业界的波士顿动力。）

1987 年

VPL 公司创始人 Jaron Lanier 开始向公众普及"虚拟现实"的概念，他也因此被人称为"虚拟现实之父"。

1993 年

SEGA 等公司试水推出 VR 眼镜。

2003 年

林登实验室推出《第二人生》。该项目的目标是创建一个用户定义的世界，例如元宇宙，人们可以在其中互动、玩耍、开展业务并进行其他交流。

2007 年

1）加速研究基金会（Acceleration Studies Foundation）发布报告《元宇宙路线图：通往三维网络的途径》（Metaversa Roadmap：Pathways to the 3D Web）。

2）第一本元宇宙相关专著 The Second Life Herald：The Virtual Tabloid that Witnessed the Dawn of the Metaverse（《第二人生使者：见证元宇宙黎明的虚拟小报》）出版。

3）2007 年 7 月，在瑞士洛桑举行的第 81 届 MPEG 会议上，韩国向 MPEG 工作组（原 ISO/IEC JTC 1/SC 29/WG 11）提交元宇宙案例提案。这是元宇宙首次进入国际标准化领域。

4）2007 年年底，IBM 向美国专利局递交了题为 "Rules-based profile switching in metaverse applications" 的专利申请，这是全球第一个标题中提到 Metaverse 的专利申请。该申请于 2009 年公开，但未授权。

2008 年 10 月～ 2011 年 3 月

由飞利浦和以色列智库 MetaverseLabs 发起的欧盟 ITEA 项目 Metaverse1 成功运行。该项目的成果之一是 ISO/IEC 23005 系列标准，旨在真实物理世界和虚拟世界之间定义标准接口，以实现虚拟世界和现实世界之间的连接、信息交换和互用。

2011 年

虚拟现实成像技术日渐成熟。清华大学计算机系对虚拟现实和临场感进行了研究，在球面屏幕显示和图像随动、克服立体图闪烁的措施和深度感实验等方面都有不少独特的方法。浙江大学心理学国家重点实验室开发了虚拟故宫，CAD&CG 国家重点实验室还开发了桌面虚拟建筑环境成像系统。

2012 年

4 月，谷歌公司发布了全世界第一款 AR 眼镜。它具有和智能手机一样的功能，可以通过声音控制拍照、进行视频通话和辨明方向，以及浏览网页、处理文字信息和回复电子邮件等，靠的是在眼镜前方悬置的一台摄像头和一个位于镜框右侧的宽条状的电脑处理器装置。

2014 年

Facebook 以 20 亿美元的价格收购 VR 设备制造商 Oculus。

2016 年

2016 年 6 月，波士顿动力发布一条机器狗的运动视频，仅有 25 公斤的 Spot Mini 外形相比前辈更加小巧，增添了机械臂的它可以灵敏操控物体。该视频迅速传遍全网，堪比 AlphaGo 以一己之力掀起 AI 狂潮。

2016 年 7 月，通用电气宣布设立虚拟现实实验室，这家有着 124 年历史的集团正在进行转型。通用数字团队的软件总监 Ankur Dang 在 JFWTC（约翰·韦尔奇技术中心）表示："我们的愿景是打造一条数字线，把产品的整个生命周期连接起来，从设计到生产和服务。虚拟现实这个技术可以让一个人与全球各地的同事一起来为这条数字线实时建造 3D CAD 模型。"

2016 年年底，Soul App 上线，该应用是基于兴趣图谱建立关系，并以游戏化玩法进行产品设计的 Z 世代的社交平台。根据 Soul App 披露的 2021 年 3 月数据，Soul App 是行业同品类中日均 DAU 最高的 App 之一，同时是日均发布率和 Z 世代用户渗透率最高的 App 之一。作为算法驱动的社交游乐园，Soul App 在元宇宙概念得到广泛认知后很快就提出了新愿景：持续打造年轻人的社交元宇宙。Soul 为用户提供了一个沉浸式、低延迟的社交场域，群聊派对、Giftmoji 等创新的玩法更增强了这个"社交元宇宙"的多元化体验。

2017 年

优步正在探索全新的"VR+ 自动驾驶"的新模式，通过虚拟现实技术让乘客收获不一样的精彩旅程。优步希望塑造交通的未来，而两份新专利表明这家公司已经在准备。显然，优步认为乘客在乘坐自动驾驶汽车时需要成熟的虚拟现实系统来提供娱乐服务。

2018 年

1）斯皮尔伯格导演的科幻电影《头号玩家》中打造的世界被认为目前最符合《雪崩》中描述的"元宇宙"形态。在电影中，男主角带上 VR 头盔后，瞬间就能进入自己设计的另一个极其逼真的虚拟游戏世界"绿洲"（Oasis）。在《头号玩家》设定的绿洲场景里，有一个完整运行的虚拟社会形态，包含各行各业的无数数字内容、数字产品等，虚拟人格可以在其中进行价值交换。

2）春运期间，郑州东站执勤人员通过亮亮视野 AR 警务眼镜查获涉嫌拐卖人口、交通肇事逃逸等重大刑事案件的网上在逃人员 7 名，以及冒用他人身份证件的人员 26 名，创造了当年全球 AR 眼镜在安防实战中最大的战果，由此为移动安防带来了新变革，并获得了全球主流媒体的关注。截至目前，超过 60 个国家及地区采用亮亮视野 AR 警务眼镜进行安保工作。

2019 年

2019 年 5 月，谷歌 YouTube VR 应用正式上线，这意味着用户可以通过谷歌的服务体验超过一百万个公共 VR 视频。这款 YouTube VR 应用已经在 Oculus Go、Oculus Rift、HTC Vive、PlayStation VR、三星 Gear VR 和谷歌的 Daydream View 平台发布，它为使用头戴设备的用户提供了通过语音搜索视频的功能，以及通过 VR 优化界面访问 VR 和非 VR YouTube 内容的能力。Quest 用户可以观看数百万个标准的矩形视频、至少 100 万个立体 3D 视频、支持 360° 全景以及基于一定空间的音频。

2019 年 6 月，Facebook 发布 Libra 白皮书。Libra 是 Facebook 早期在区块链虚拟货币应用的实践，也是扎克伯格元宇宙规划的一个早期铺垫，主要布局的是元宇宙社区内部经济交易系统。

2019 年 9 月，据外媒报道，谷歌旗下的 Stadia 公司正在招募有虚拟现实开发经验的人才。作为业内顶尖的云游戏平台之一，Stadia 具有强大的云端处理能力，玩家可以在低配置的电脑甚至移动设备上，通过串流的形式体验各种 3A 级别大作。之前，谷歌云游戏业务发展并不顺利，Stadia 尚未提供任何 VR 游戏的串流服务，但考虑到顶级 VR 游戏都需要强大的主机性能，所以在未来一定会出现相应的用户需求：玩家仅需在云端安装好 VR 游戏，然后将画面传输到自己的低配电脑甚至独立头显上。这个动作和 YouTube VR 被认为是谷歌在元宇宙方面的核心布局。

2020 年

2020 年 4 月，美国歌手 Travis Scott 在射击类游戏《堡垒之夜》中举办了虚拟演唱会，全球 1230 万游戏玩家成为虚拟演唱会观众。

2020 年 5 月，天猫宣布将开启 3D 购物时代，首次将 3D 实景逛街技术大范围地用在宜家、顾家等一百家品牌店中，消费者可以在手机上逛商场，所见将与亲临现场近乎一样。换言之，3D 购物做到了"将店送到消费者手机上"。

2020 年 5 月，加州大学伯克利分校将毕业典礼搬到了线上。伯克利的学生们组成了一个超过 100 人的团队，在沙盒游戏《我的世界》里重建了虚拟版本的校园、老师、学生，校友们则纷纷化身成了方头方脑的样子（《我的世界》中一切场景均由方形像素块搭建而成），完成了这场特殊时期的毕业典礼。

2020 年 7 月，顶级 AI 学术会议 ACAI 在任天堂模拟经营游戏《动物森友会》中举行了研讨会，演讲者在这款任天堂游戏中播放 PPT 并发表了讲话。

2020 年 8 月，马斯克现场"遛猪"。据发布会称，在猪脑植入芯片后，其大脑的信号能够被捕捉到。从演示中可以观察到，外界能够通过脑机接口检测猪大脑的信号，并且预测其关节的运动。马斯克对于脑机接口等技术痴迷，表现出其对于硅基文明和碳基文明融合的关注，也被人认为是其对更高水平元宇宙的基础探索。

2020 年 9 月，由中国电信、韩国 LG U+、高通等运营商及行业合作伙伴发起的全球 XR 内容电信联盟成立。XR（扩展现实）通过计算机技术和可穿戴设备产生一个真实与虚拟组合的、可人机交互的环境，实现了由有线传感器输入的虚拟世界到完全的虚拟世界的过渡。打造一个拥有共同价值观和创造标准的、具有凝聚力并可互通的"社会"已经成为行业共识。

2021 年

2021 年 2 月，3M 正式推出了一款基于短焦光学方案的 VR 头显 VX6。VX6 采用 3M 新型折叠光学透镜组件，包括一个曲面玻璃透镜和 3M 独有的高锐度反射偏振器。这种组件可通过高分辨率、高投射率和宽视场角让显示设备的沉浸效果更好。

2021 年 3 月 10 日，Roblox 公司在成立 17 年后于纽交所上市。Roblox 平台既提供游戏，又提供创作游戏的工具，同时它有很强的社交属性，玩家可以自行输出内容、实时参与，并且还有独立闭环的经济系统。作为一个兼具游戏、开发、教育属性的在线游戏创建者系统，Roblox 平台中的大部分内容是由业余游戏创建者创建的。

2021 年 3 月 11 日，世界知名艺术品拍卖行佳士得首次拍卖以 NFT 形式呈现的纯数字艺术品——Beeple 的 *Everydays：The First 5000 Days*。该作品最终以 6934.6 万美元（约合 4.5 亿元人民币）的天价成交，打破了 NFT 作品的最高拍卖价格纪录。

2021 年 4 月，微软与美国军方签订了一笔大订单：美国军方将与微软合作开发集成视觉增强系统（IVAS），并将大量订购该公司出品的基于 HoloLens 技术的增强现实护目镜。

该 AR 设备将基于 HoloLens 2 进行设计，并将满足士兵们在野外战斗的需求。据悉，美国军方与微软方面早在 2018 年就已经达成了合作意向，但正式协议 2021 年才刚刚签订。微软方面将在未来十年内交付共计 12 万副头戴式增强现实护目镜，该技术将为士兵们在导航、交流等方面提供便利。HoloLens 项目负责人、主要开发者 Alex Kipman 在博客中表示："该装置将增强用户的态势感知能力，并在复杂情况下进行信息共享和决策。"微软方面声称该合同在未来十年内的价值可能会提升至 200 亿美元以上。

2021 年 4 月，知名游戏公司 Epic Games 获得了 10 亿美元投资，这笔钱将全部用于构建元宇宙。据悉，这笔融资创下了元宇宙赛道最高融资纪录，Epic Games 估值也因此达到了 287 亿美元。

2021 年 4 月，马斯克创立的 Neuralink 发布了一段视频，展示了它们在大脑控制研究上的最新突破：通过植入脑机接口技术，一只猴子能够在没有游戏操纵杆的情况下，仅用大脑意念来玩一款乒乓球电子游戏。据介绍，在视频拍摄约 6 周前，9 岁的猕猴 Pager 的大脑中被植入了脑机接口。而此前，Pager 已经在美味香蕉冰沙的奖励下被教导学习操纵手柄来玩游戏。Neuralink 解释说，Pager 的大脑两侧运动皮层中有一个双边神经植入物，所以它可以仅通过大脑意念里的下一步移动方向来实时控制游戏的手柄。

2021 年 4 月，亚马逊内部人士匿名告诉伦敦商业报纸

CityAM，亚马逊计划一年之内接受比特币支付，不仅如此，亚马逊高管还希望在未来添加其他成熟的加密货币。另外，亚马逊可能在探索创建自己的加密货币，最快可能在 2022 年推出。据悉亚马逊已经开始招聘数字货币和区块链产品负责人。

2021 年 4 月，"皮衣刀客"黄仁勋在网络上举行了 Nvidia 新品发布会。三个月后 Nvidia 自曝这是一场"骗局"：发布会上有 14 秒是建模还原的场景，是通过其虚拟空间 Omniverse 建立的。这场"骗局"让世人见识到了元宇宙以假乱真的厉害。

2021 年 5 ~ 8 月，韩国科学技术和信息通信部发起成立了"元宇宙联盟"。该联盟包括现代、SK 集团、LG 集团等 200 多家韩国本土企业和组织，目标是打造国家级增强现实平台，并在未来向社会提供公共虚拟服务。7 月 13 日，日本经济产业省发布了《关于虚拟空间行业未来可能性与课题的调查报告》，归纳总结了日本虚拟空间行业亟须解决的问题，以期在全球虚拟空间行业中占据主导地位。8 月 31 日，韩国财政部发布 2022 年预算，计划斥资 2000 万美元用于元宇宙平台开发。

2021 年 5 月，苹果以 1 亿美元收购虚拟现实公司 NextVR，以增强其在娱乐和体育领域的 VR 实力。截至目前，苹果已有 330 多项公开可查的 VR/AR 关键专利，18 笔 VR/AR 相关并购。

2021 年 6 月，腾讯关于元宇宙的动态更多是在抢注商标。据不完全统计，腾讯已经注册申请了"QQ 元宇宙""QQ 音乐元宇宙""飞车元宇宙""魔方元宇宙""和平元宇宙""精英元宇宙"等二十余个元宇宙商标，涵盖了教育娱乐、社会服务等领域。据天眼查 App 显示，截至 7 月，元宇宙相关商标注册公司已超 130

家，爱奇艺、快手等互联网大厂也纷纷注册相关商标。

2021 年 7 月，微软董事长兼 CEO 萨提亚·纳德拉在全球合作伙伴大会上官宣了企业元宇宙解决方案，旨在帮助企业客户实现数字世界与现实世界融为一体。

2021 年 8 月 11 日，在展示图形、图像计算前沿技术的 SIGGRAPH 大会上，Nvidia 宣布，全球首个为元宇宙建立提供基础的模拟和协作平台 NVIDIA Omniverse 将通过与 Blender 和 Adobe 集成来实现大规模扩展，并将向数百万新用户开放。这次大会上 Nvidia 正式推出了入门级工作站显卡 RTX A2000，让专业人士更容易接触到 RTX 技术。

2021 年 8 月，小米新品发布会上，公司创始人雷军曝光了团队智能军团的新成员 CyberDog（铁蛋），一只灰色的机器狗。人们开始意识到，这些看起来像是实验室里的产品，就要像普通宠物狗一样走进人们的生活。

2021 年 8 月底，VR 创业公司 Pico 披露被字节跳动收购，交易对价为几十亿元人民币级别。而媒体透露的消息则更加"刺激"。据 Tech 星球报道，字节跳动开出 90 亿元的收购价，这个价格让腾讯主动退出，也创造了"今年国内 VR 赛道的最大一笔收购案"。在此之前，字节跳动以 1 亿元战略投资了"中国版 Roblox"代码乾坤。据官网显示，代码乾坤成立于 2018 年，公司产品有青少年创造和社交 UGC 平台《重启世界》（Reworld）。

2021 年 8 月，区块链梦幻足球游戏开发商 Sorare 宣布完成新一轮 6.8 亿美元融资，由日本软银集团领投。Sorare 表示，此轮融资使其估值达到了 43 亿美元。该公司创办于 2018 年，其同名游戏让玩家购买官方授权的代表足球运动员的卡片，并组建球队进行比赛，比赛结果将基于球员在现实比赛中的表现。这些卡片以 NFT 的形式进行交易。

2021 年 9 月，中国文化产业投资及运营平台"华人文化产业投资基金"宣布领投总部位于美国硅谷的虚拟现实技术企业 Jaunt。

2021 年 9 月，现代汽车宣布将推出元宇宙空间"现代出行探险"。该空间运行在元宇宙平台 Roblox 上，已经开启公测，其中将展示现代汽车的产品和未来的出行解决方案。用户可在其中与他人见面和交流，并通过虚拟形象体验现代汽车的出行服务。Roblox 是元宇宙领域的在线娱乐平台，日用户达 4320 万人。现代是第一家在 Roblox 上开发虚拟体验内容的汽车品牌。

2021 年 8 月，"百度世界 2021VR 分会场"展示了百度的元宇宙初步形态，用户能够看到由无数芯片、集成电路和流动数据构成的"百度世界"。

2021 年 9 月，据 Digitimes 报道，苹果首款 AR 头显已完成第二阶段原型机测试，预计 2022 年第 2 季度量产，下半年有望问世。

2021 年 9 月，Facebook 宣布了一项罕见的高层人事变动：长期担任公司高管的 Andrew Bosworth 将在明年取代 Mike Schroepfer 成为新任首席技术官。Bosworth 一直专注于 Facebook 的硬件业务，包括视频聊天平板电脑和 VR 头盔，并在最近开始负责公司的元宇宙开发工作。这表明了该公司的发展重点。

2021 年 9 月，由微软分拆出来的小冰公司发布社交 App"小冰岛"。小冰岛瞄准的是人类用户和人工智能之间的社交。

2021 年 9 月，增强现实科技公司 Nreal 宣布完成 C 轮融资，融资额超 1 亿美元。

2021 年 9 月，DOTA2 官宣刀圈虚拟偶像。

2021 年 9 月 28 日，亚马逊秋季新品发布会发布了家用机器人 Astro。

2021 年 9 月 30 日，腾讯天美新项目 ZPLAN 发布多个岗位的招聘信息。该项目被认为是腾讯的元宇宙项目。

2021 年 10 月，Facebook 宣布改名为 Meta，意指 Metaverse（元宇宙），同时公司股票代码也改成 MVRS。

2021 年 10 月，Meta 创立了 1.5 亿美元 VR 内容创作基金，旨在在未来三年内重塑教育方式，以增强 VR 教学内容质量。

2021 年 11 月，高通称 Oculus Quest 2 的销量已经达到了 1000 万台。这说明上市仅一年有余的 Quest 已经奠定了其在元宇宙领域的基础入口地位。

2021 年 11 月，微软在 Ignite 会议上宣布将推出新的 Mesh for Microsoft Teams 软件，也就是将微软的混合现实平台 Mesh 融入视频会议工具 Teams，允许不同地理位置的人们加入协作和共享全息体验，实现加入虚拟会议、发送聊天、协作处理共享文档等更多功能。

2021 年 11 月，Meta 首次将元宇宙手套向媒体公开，该设备与其他可穿戴技术已被视为 VR 和 AR 交互的未来。

2022 年第 4 季度（预期）

据媒体透露，苹果将于 2022 年第 4 季度推出 AR 头显，苹果 AR 头显将搭载性能媲美 M1 的"桌面级"芯片和索尼 4K

Mirco OLED 显示屏，目标是在 10 年内取代 iPhone，预计出货量将超过 10 亿部。值得一提的是，这款 AR 头显将摆脱手机、电脑独立运作并支持各类应用，不再是"大号游戏机"。这说明苹果同时也在为元宇宙设备构建独立的生态系统。

附录 B　国外专家释义和理论参考

这里主要收录了美国有代表性的科技巨头创始人和高管的公开言论，这些细节片段不仅将带给我们想象空间，更会让我们看到大家已经形成的共识。能被广泛传播的只言片语往往凝聚了大智慧，特别是谷歌、英伟达、高通这些底层核心技术推动者的发言。

1. 什么是"元"

要深刻探究和理解元宇宙，首先需要理解元（Meta），再理解宇宙（Universe），最后理解元宇宙（Metaverse）。

Meta（来自希腊语 μετά，meta，意思是"超越"）是一个前缀，意思是更全面或超越。在认识论中，前缀 meta- 被普遍用于表示关于（它自己的类别）。例如，元数据是关于数据的数据（谁产生的、什么时候产生的、数据是什么格式等）。在数据库中，元数据也是关于存储在数据字典中的数据的数据，描述有关数据库表的信息（数据），例如表名、表所有者、列的详细信息——本质上是描述表。

任何学科都可以说具有元理论，即在更高的抽象层次上对其属性的理论考虑，例如其基础、方法、形式和效用。在语言学中，语法被认为是用元语言表达的，元语言是在更高层次上运行以描述普通语言（而不是它本身）的属性的语言。元这个词，翻译成中文，的确并不能表达其完整的内涵。我们认为 Meta 表现了一种对现在概念更高维度的抽象和超越。

总结一下，"元宇宙"的"元"包含"初始时间起点"和"本质设定框架"这两个基本要义。从元宇宙包含的内涵和外延来看，我们倾向于认为元宇宙同时包括两种含义，也就是一方面体现了超越现实宇宙的超越性，另一方面从下一代互联网的角度提出了下一代"虚拟 + 现实"科技趋势的完整架构。

2. 元宇宙有哪些不同层面的解读

《雪崩》中首次提出 Metaverse（元宇宙）的时候，有一个尼尔假设：未来通过设备与终端，人类可以通过连接进入计算机模拟的虚拟三维"现实"，现实世界的所有事物都被数字化复制，人们可以通过数字分身在虚拟世界中做任何现实生活中的事情，虚拟世界的行动还会影响现实世界。

元宇宙可简单理解为通过技术搭建的、基于现实世界的、拥有独立完整价值体系和经济闭环的永续的虚拟世界。或者可以概括为：元宇宙是通过技术手段统筹现实世界和虚拟世界的思想体系，所以，元宇宙并非创造一个独立于现有文明之外的新世界。

简而言之，元宇宙是一个数字世界，在那里我们能想象到的任何东西都可以存在。通过扩展现实技术，我们可以扩展自身的视觉、听觉和触觉，将数字物品融入现实世界，或随时进入完全沉浸式的 3D 环境。从本质上讲，元宇宙将成为物理世界之间的桥梁，是物理世界的数字镜像，以及由人类想象力构建的数字世界。可见，元宇宙并不是现在宇宙的一个所谓镜像，而是更高层次对宇宙的概括和更深刻的理解。

3. 什么是宇宙学的"大爆炸"

宇宙大爆炸理论是现代宇宙学中最有影响的一种学说。它的主要观点是宇宙起源于一个奇点，之后就在经历从热到冷的演化史。宇宙自大爆炸之后，在不断地膨胀，使物质密度从密到稀地演化，如同一次规模巨大的爆炸。这个认知目前是被科学界广泛认可的，只是对爆炸前的形态和发展逻辑存在分歧，但对大爆炸几乎没有异议。

关于宇宙起源还有多重宇宙论的假说，或者叫多元宇宙论。该理论认为在我们的宇宙之外很可能还存在着其他的宇宙，而这些宇宙是宇宙的可能状态的一种反映，其基本物理常数可能和我们所认知的宇宙相同，也可能不同。"多重宇宙"这个名词是由美国哲学家与心理学家威廉·詹姆士在 1895 年所提出的。

2003 年美国宇宙学家马克斯·泰格马克在《科学美国人》杂志上撰文发表了他的平行宇宙观。

元宇宙是自然和人类发展历史的一部分，自然需要遵循大爆炸后混沌到膨胀的复杂系统进化理论，了解宇宙大爆炸假说有利于我们认识元宇宙的复杂系统进化特征，并抽象对比两者逻辑的相关性。

4. 风险投资人眼中的元宇宙特性是什么

理解元宇宙需要一些想象力。元宇宙不是任何一个独立事件，不是一个单独的场景，不是一个庞大的游戏，也不是存在于《机器人总动员》和《第二人生》中的科幻镜头。

元宇宙创造了一个始终在线的、不断被刷新的实时数字世界，里面拥有无限量的人、物、事。参与其中，人们不仅可以自由生活，还可以自由创造。根据各种研究机构、分析师和投资人对它的解读，元宇宙不仅是针对物理实体在虚拟世界中 1 ：1 重建的一个"数字孪生体"，还包括由我们的想象力创造的各种虚拟事物。元宇宙拥有完整的经济逻辑，数据、物体、内容及 IP 都可以在其中存在，而且元宇宙不仅包含虚拟和现实的万事万物，还包含它们之间的各种关系和连接。任何个人和企业都可以参与建设元宇宙，使之不断完善和更加繁荣。

风险投资家 Matthew Ball 提出，元宇宙的核心在于实时性、自主性、经济性、开放性、创造性和永续性。

- 实时性：每个人都实时存在，低延时甚至无延时。
- 自主性：每个人、每个组织都可以自主参与任何活动。
- 经济性：个人和企业将能够创造、拥有、投资、出售，并获得回报。
- 开放性：跨越数字世界和物理世界的限制，数字资产可流通。
- 创造性：由用户或组织参与建设，创造内容和景观。
- 永续性：它永远不会重置、暂停或结束，无限期延续。

这位风险投资家对元宇宙的阐述实际上是从其特性描述上表达的，但这些都是技术应用的结果，或者说是技术框架构建的产出。不过，我们还是能从中洞察到多方对于元宇宙中能重新打造一个新世界秩序的强烈渴望，这种渴望比互联网早期对于人与人连接的渴望更加深刻，是一种重构人类文明级别的思考。或许因为对现实的失望，以及对技术秩序的自信，国外多位技术专家憧憬的元宇宙世界基本上是按照技术逻辑展开的。

对比来看，如今我们讨论元宇宙，如同 20 世纪 90 年代的人们讨论互联网一样，需要有能够看到未来的超前视野。数字孪生、混合现实、物联网、5G 等都是我们建设元宇宙的手段和工具。有时候觉得未来很遥远，或许是因为我们对于未来的憧憬过于极致；有时候又觉得未来离我们很近，那可能是因为昭示未来终将到来的细节已经出现。

5. Roblox CEO 眼中的元宇宙是什么

上市公司 Roblox CEO Dave Baszucki 提出了元宇宙的八大特征：Identity（身份）、Friends（朋友）、Immersive（沉浸感）、Low Friction（低延迟）、Variety（多样性）、Anywhere（随地）、Economy（经济）、Civility（文明）。

从企业战略构建视角看，他提出的这八个特征实战意义明确："低延时"是对通信的需求，"身份"是对账号体系的需求，"经济"是对虚拟币或者虚拟财富及交易共识的需求，"沉浸感"是对 VR 用户体验的需求。一家元宇宙公司确实是需要跨越产业进行创新整合的，用抽象的逻辑打破之前的产业要素思维极其重要。

具体看一下这八个特征的含义。

- 身份：自由创造、虚拟形象、第二人生。
- 朋友：下一代社交媒体，虚拟世界交友。
- 沉浸感：VR 沉浸体验，互联网具象化。

- 低延迟：5G，云游戏/世界，性能、功能、成本改善。
- 多样性：虚拟世界拥有超越现实的自由与多样性。
- 随地：低门槛，高渗透率，多端入口。
- 经济：IGC 创造价值，与现实打通。
- 文明：数字文明。

6.美国创业者眼中的元宇宙架构是什么

科技公司 Beamable 的创始人 Jon Radoff 提出了元宇宙的 7 层架构。他认为：元宇宙的诞生所造成的影响不亚于当年的万维网。如何构建元宇宙？元宇宙的传输协议是什么？操作系统在哪里？浏览器怎么设计？这些问题都是可以随着技术创新得到解决的。

第 1 层：基础设施层

基础设施层包括通信技术、云计算、新材料、芯片设计等软硬件技术。这些技术使得我们的硬件性能越来越强，可以为各种设备接入网络提供必要的支撑。

第 2 层：人机交互层

计算设备无处不在，人机交互更加顺畅和无缝。各种可穿戴设备甚至脑机接口将承载元宇宙里越来越多的应用和体验。

第 3 层：去中心化层

区块链技术解决了金融资产集中控制和管理的问题。边缘智能使得计算能力不再集中于云端，而是像电力一样，可以输送到千家万户和各个工业现场。

第4层：空间计算层

空间计算将真实与虚拟的计算混合，模糊了现实世界和虚拟空间的界限，使我们能够进入并操纵虚拟空间，并能将在虚拟空间中的体验和信息反馈给现实世界。

第5层：创造者经济层

过去，消费者只是内容的消费者，现在，他们既是内容的创造者，又是内容的"放大器"。即便不会编程，消费者也可以利用各种低代码方案和社交工具提供创意和想象力，参与元宇宙的创作过程。

第6层：探索与发现层

这一层指向人们介绍新体验的信息提取和推送，对于很多企业来说，这一层最容易形成商业闭环。一般来说，探索与发现层中的信息流可以分为提取流和推送流。

提取流中，用户积极主动地寻找相关体验的信息，开设商店或者购买商品。推送流中，用户被动收到各种信息，参与好友的邀请，或者接受全新角色。

第7层：体验层

元宇宙不等于3D空间，它是由内容、时间和社交互动构建的、虚拟与现实相结合的飞轮。所谓沉浸感，不仅是指图形空间或者故事世界中的沉浸，还包括社交沉浸以及它引发互动和推动内容的方式。

7. 美国知名投资人眼中的元宇宙架构是什么

美国知名风险投资人兼撰稿人 Matthew Ball 曾发文阐述他对元宇宙架构的理解。他将正在崛起的元宇宙架构分成八个维度。这八个维度实际上是从产业角度对元宇宙应用方向的认知，直白点说就是从投资人的角度锁定投资方向的思考。

1）**硬件**：用于访问、交互或开发元宇宙的物理技术和设备的销售和支持。这包括但不限于面向消费者的硬件（例如 VR 耳机、手机和触觉手套）以及企业硬件（例如用于操作或创建虚拟或基于 AR 的环境的设备，例如工业相机、投影和跟踪系统以及扫描传感器）。此类别不包括特定于计算的硬件，例如 GPU 芯片和服务器，以及特定于网络的硬件，例如光纤电缆或无线芯片组。

2）**网络**：由骨干供应商、网络、交换中心和在它们之间路由的服务以及管理"最后一英里"数据给消费者提供持久、实时以及高带宽的数据传输。

3）**计算**：支持元宇宙的计算能力的启用和供应，支持物理计算、渲染、数据协调和同步、人工智能、投影、动作捕捉和翻译等多样化和苛刻的功能。

4）**虚拟平台**：沉浸式数字化的 3D 模拟环境，用户和企业可以在其中探索、创造、社交和参与各种各样的体验（例如赛车、绘画、上课、听音乐），并从事经济活动。这些业务与传统在线体验和多人视频游戏的不同之处在于，它们存在由开发者和内容创建者组成的大型生态系统，这些生态系统在底层平台上生成大部分内容或收集大部分收入。

5）**交换工具和标准**：作为实际或事实上的互操作性标准的工具、协议、格式、服务和引擎，并支持元宇宙的创建、操作和持续改进。这些标准支持渲染、物理和人工智能等活动，以及资产格式及其从经验到经验的导入 / 导出、向前兼容性管理和更新、工具和创作活动以及信息管理。

6）**支付**：支持数字支付流程、平台和操作，包括法定入口（一种数字货币交换）到纯数字货币和金融服务，包括加密货币（如比特币和以太币）以及其他区块链技术。

7）**元宇宙内容、服务和资产**：与用户数据和身份相关的数字资产（例如虚拟商品和货币）的设计 / 创建、销售、转售、存储、安全保护和财务管理。这包含"建立在"元宇宙之上或"服务于"元宇宙的所有业务和服务，并且平台所有者没有垂直集成到虚拟平台中，包括专为元宇宙构建的内容，独立于虚拟平台。

8）**用户行为**：消费者和商业行为（包括支出和投资、时间和注意力、决策和能力）的可观察变化，这些变化要么与元宇宙直接相关，要么以其他方式启用或反映其原则和理念。这些行为在最初出现时几乎总是像"趋势"（或者"时尚"），但后来显示出持久的全球社会意义。

以上每一个维度都对元宇宙的发展至关重要。在许多情况下，我们很清楚每个人需要如何发展，或者至少有一个阈值（例如，VR 分辨率和帧速率，或网络延迟）。但是最近的历史警告我们不要对通向功能齐全的元宇宙的任何特定路径或理想化愿景持教条主义态度。

互联网曾经被设想为"信息高速公路"和"万维网"。这些描述都不是特别有助于 2010 年或 2020 年的规划，尤其是在了解互联网将如何改变世界和几乎每个行业方面。即使更具体的论点是正确的，它们也很少映射到最终结果。几十年来，很明显，互联网将拥有纯粹的数字交易、大量用户生成的内容和在线网络游戏——但并没有人预测到比特币、TikTok 或 Twitch 的出现。即使可以预测这些产品和服务的技术或操作原理，其用户的行为、货币化模式以及对社会的更广泛影响也是不可知的。也就是说，我们对启用元宇宙所需的个别技术和行为有很好的了解，但很难预测元宇宙发展过程中会带来哪些创新。根据先例，我们可以猜测元宇宙将彻底改变几乎所有行业和功能，从医疗保健到支付、消费品、娱乐、小时工。此外，将创建全新的行业、市场和资源，以实现这一未来，新型技能、专业和认证也将如此。这些变化的总价值将达到数万亿。

8. 元宇宙的梅迪奇效应是什么

元宇宙是典型的梅迪奇效应。这个效应的表达机制是：当许多不同的文化、专长和知识能够在一个地方交叉融合，就很容易引爆突破性的发展。

这个名词源自 15 世纪的意大利，当时在佛罗伦萨经营银行业的梅迪奇家族，时常赞助艺术家并将其作品展示在佛罗伦萨的教堂和广场中。如此良好的氛围使得各地艺术家接踵而至，其中甚至包括达芬奇、米开朗基罗、波提切利等大师。这些艺术大师也让小城佛罗伦萨的文化大幅进步，更开启了欧洲文艺复兴时代。此后人们将经由跨领域知识碰撞所产出的创新称为"梅迪奇效应"。我们可以将其理解为传播引爆效应或者产业聚集的协同效应。

元宇宙不仅包含人工智能、大数据分析、混合现实、区块链、物联网等最新技术和应用，还包括对于经济、人性、社群、心智、共识的深层次理解，是梅迪奇效应的集中体现。元宇宙将是包含许多独立工具、平台和基础设施，由标准和协议支撑的物理世界和虚拟世界不断融合的结果。

之前多种技术创新是在各自的产业领域进行突破，如果元宇宙能够聚焦一个全新的现实世界孪生虚拟世界的构造上，那么梅迪奇效应的发挥则可能带来技术爆发式发展。

这或许也是元宇宙作为融合消费级互联网和产业级互联网的创新理念的价值所在，如果元宇宙逐渐发展成更大的共识，那么对多个产业的方向性牵引注定是史无前例的。构建"虚拟＋现实"融合的全新世界对各个产业都会产生巨大的应用需求，这个需求的落地不亚于一次人类共同的基础设施建设，粗略评估也是万亿美元级别的投资规模。

期待中国互联网公司勇敢承担起元宇宙产业创新的历史使命

最后，很想分享一下本书写作的愿景和使命。笔者带着对元宇宙产业健康发展的美好期待写下了本书中的每一个字。笔者和写作团队坚信这是一次文明重构级别的历史性产业变革，研究和讨论中也充满着对中国科技产业融入全球性趋势的责任感和使命感。思考接近一年，写作历时半年多，我们因此推掉了很多商业项目。但为国家思考科技战略，优先级注定是第一位的。

笔者和写作团队成员的背景有几个特点，基本都有全球化的战略研究经验或欧美留学背景，信仰复杂性科学思想，这让我们对于全球性前沿科技充满热情，而且不太喜欢吹捧或者空谈某些空泛的东西，大家的一致认知是本书必须具有很强的框架思维，以及落地指导意义。另外，几位美国留学理工科博士作为顾问加入，也让本书客观上变得枯燥了。我们多次试图跳出纯技术的视角理解元宇宙，不过可能技术上的分析依然很多，而且宏观的技术哲学不太好把握。大家还有一个有意思的相同点，几乎都出自农民、工人、教师等普通家庭，这让我们在进行宏大叙事的同时对于技术对民众切身利益的影响极为关切，或许可以把这点拔高为看重技术的人民性。

另外，本书强调提供给读者"深度洞察"的核心价值。那么，什么是深度洞察呢？笔者认为"深度洞察"首先需要化繁为简地把握事物本质。在做战略咨询的过程中，我们经常有一个感悟，就是本质的东西都有很朴实的出发点，具体表达经常把"本质"和"常识""大逻辑"结合在一起。比如说企业管理是研究解决高效率、高质量运营问题的，这是一个很朴素和本质的道理。不过如果你认真看很多朋友圈时常刷屏的文章，不少是关于意识形态的认知，就是告诉你某某企业家如何伟大、应该如何想问题、如何才能控制别人的思想，这显然不是管理的本质，至少目标不是管理的问题。再比如，我们经常听到一些特别取巧的论述，说某某公司的成就源自老板喜欢豪赌，进而被演绎成"豪赌靠智慧，豪赌才能成就大公司"，这是一个小逻辑，并不是大逻辑。大逻辑就是领导力需要根据外部环境的变化作出准确判断，把握时代红利是企业成功的根本因素。马云带领阿里巴巴取得的成功，是时代的强劲需求牵引，也是软银等全球性投资巨头推动的，最根本的一点则是：网上购物的持续发展需求才是电商公司持续发展的大逻辑。说马云因为在投资人面前多会讲故事，进而阿里获得成功，这也是小逻辑。元宇宙的论述，也有同样的道理。

我们希望本书提供的"深度洞察"能把元宇宙概念背后最本质的东西提炼出来，很多是我们基于对国内多家顶尖科技公司战略公司实践的思考，也有引用的国内外业内人士的核心观点，更有多方资料的分析和提炼。正如知名科学家张亚勤对媒体表达的元宇宙观点，他同样认为目前推动元宇宙的大企业都是从自己的立场出发，这也是导致定义不清晰的根本原因。而本书则是力求纵观全球科技企业的元宇宙实践，总结出系统性的元宇宙框架。

可见，对于这本书的写作，我们不太希望用布道者的姿态把元宇宙歌颂为救世主，即便客观上它确实是一个里程碑式的文明形态。我们也不想把元宇宙当成"万金油"一样到处涂抹，而更关注已经有了产业成功实践的实质性落地，未来真正通过"元宇宙大爆炸"并最终成为超大型元宇宙公司的公司注定非常稀少，并非所有公司都有能力承担人类的"虚拟＋现实"融合使命。不过，我们还是引入了硅基文明、碳基文明的论述方式，这些已经形成广泛共识的逻辑确实有利于我们理解元宇宙的宏大格局。这个概念由于抽象，且具有强大爆发力，反而需要我们有抽象的论述做支撑。

听起来，这个后记有一点为元宇宙热潮降温的意思，当然并非如此。任何新生事物都会出现认知泡沫。泡沫并不影响啤酒的味道，也不会影响新生事物的价值，慢慢地，泡沫会出现去粗取精的效果。我们力求创作世界第一本"元宇宙专著"，难度注定是巨大的，对我们对多个行业深入理解的知识结构是一个重大挑战，更重要的是伴随着元宇宙热潮持续升温，也客观上带来了与"泡沫共舞"的效果。但从这本书的功能性上看，它并非继续吹泡泡，落地为产业思维和实践也是从读者角度考虑的一个务实之举，最终需要看清楚元宇宙为科技创新指明了什么样的战略路径。我们判断：元宇宙的热度可能持续 10 年、20 年甚至更久的时间，而且中国互联网公司由于其创新的基因和灵活商业模式应变的能力，注定成为元宇宙热潮的最强有力推动者和最大受益者，也将是创新梅迪奇效应（创新集成爆发）的最好践行者。目前还处于元宇宙发展的早期理念孕育和实践探索阶段，也恰恰是中国科技产业具有使命理想的公司应该快速跟进的黄金时间点。

就像书中我们对于元宇宙探索和"阿波罗登月"的对比一样，目前元宇宙理念非常像美国登月计划的展开方式，也很像中国"天宫"的宏大战略，VR 等应用突破或许只是一个开始，更加壮丽的"元宇宙大爆炸"后的"创新大爆炸"场景还没出现。在 NASA 推动阿波罗登月的过程中，不仅推动了传统科学技术的进步，也历史性地创造了目前的互联网前身——阿帕网。在中国推动太空探索计划的同时，实际上我们的人工智能、材料、自动控制、半导体等多个行业都在被牵引中进化。国家将对元宇宙产业给予什么样的激励？这也是我们观望和期待的。谈到这，很高兴地看到上海市已经专门提出了对元宇宙进行深入研究，并鼓励企业在合适时机切入。江西南昌的 VR 产业集群对于元宇宙热情很高，从市领导到园区企业都充满热情。这些都是我们看到的中国元宇宙产业发展的积极信号。

最后，借机也想表达一下对当下"虚实"争论产业政策的一点看法。

目前很多人担忧科技产业向虚拟化发展就会内卷，就会影响国力，就会带来社会诸多恶性乱局，我们对这些担忧的出发点表示尊重，但根据我们长期服务于中国顶尖高科技企业的经验，以及产业发展逻辑的观察，虚和实是高度融合、辩证统一的。简单来说，没有所谓虚拟的互联网的发展，就不会有所谓实在的数字新基建的需求；没有所谓"低技术含量"的诸多互联网的商业模式，也就很难出现体现中国便利生活方式的文化"软实力"，更没有今天蓬勃发展的中国创新产业。"虚"的产业从战略上往往是创造需求的，"实"的产业往往是承载需求的，需求是商业进化的根本动力。而且，互联网公司给中国经济注入的活力是经过历史检验的，从更长时期看，很多互联网巨头整合资本、技术、人才等全球资源服务中国用户，很多互联网行业企业家放弃在欧美的优越生活而毅然回国创业，他们的精神内核恰恰彰显着时代精神，也必然成为中国和世界的长期纽带。

当然，我们支持彰显国力的硬核创新，国之大者需要有独立的工业体系达成国家科技战略安全，解决特殊领域卡脖子技术需要"小特专精"的科研攻关。但我们更应该清楚地洞察全球产业科技规律，目前欧美创新主要是超级巨头依托稳定盈利的业务推动的跨行业集成创新，还有长期投入半导体、材料、工艺等底层技术能力。从更大的格局上看，推动互联网公司融入集成创新和底层创新，更是增强国力的务实之举，用大型科技公司推动"小特专精"的创新研发才更有指向性和效率。互联网公司不仅是中国软实力，有能力投入硬科技，更是软件驱动硬件这样全球科技潮流的先锋。所以，从多个角度上看，我们对于中国以互联网为代表的科技公司推动元宇宙产业发展给予极高的期待，并且热情支持他们承担起发展这个新型科技制高点的历史使命。

实际上，在过去 20 年中国能在前沿科技产业获得重大发展，与国家将互联网作为优先发展产业的英明决断是分不开的，当前数字经济依然是国家积极倡导的方向。在这波潮流的推动下，绝大多数互联网公司是从真实的需求入手构建商业模式，都是对标全球实践快速跟进创新，并且真实地推动着全社会的数字化进程。从这个角度上看，贴近用户、贴近需求、贴近前沿科技的互联网是中国经济名副其实的发动机。

谈到这里很想分享一个笔者切身体验的小故事。"华尔街＋硅谷"模式在中国的成功实践，目前正在陷入一种内部批判、外部羡慕的奇特境地。笔者曾经在比利时布鲁塞尔与德国中小企业商会会长进行合作探讨，当时德方提出聘请笔者作为顾问介绍中国在互联网创新、产业投资方面的经验，并表达了学习中国模式推动德国中小企业创新的愿望。我们也业务拜访过德国知名企业海德堡集团的全球总裁，对方对于我们应用中国创新实践帮助德国企业推动全球化非常感兴趣。也就是说，德国企业都很迫切地希望学习中国创新，特别是互联网创新、商业模式创新和科技投资模式。虽然因为疫情，这个合作并没有实质推动，不过也侧面印证了中国的"互联网＋创新投资"的道路已经成为中国的全球名片，也是我们过去经济蓬勃发展的教科书级经验总结。

综合以上，从最终的结果来看，元宇宙形成巨大的科技创新推动力已经不可避免，元宇宙最终创造的"人＋机器人"的人机共存时代已经没有悬念，放眼中国科技巨头，对元宇宙和机器人领域投入最大的依然还是百度、腾讯和阿里这三家巨头，这都提示我们需要对元宇宙时代的互联网公司价值重新定义，或许应该给予互联网更多的机会在全球竞争中代表中国证明自己。

最终，本书热切期待中国的互联网公司、消费电子公司、半导体公司、生物技术公司等都参与到元宇宙创新的浪潮中来，并且对政府和相关决策机构对于元宇宙的支持抱有极高期待。这是最坏的时代，也是最好的时代，中国在全球性科技创新世纪趋势中无法缺席，也必然成为中坚力量。

大幕徐徐拉开，希望读到此处的你也和我们一样——成为元宇宙伟大趋势的坚定支持者。